培养优等生

教子成才心得

岳墨兰 编

黄河水利出版社

·郑州·

图书在版编目（CIP）数据

教子成才心得 / 岳墨兰编. — 郑州 ：黄河水利出版社，2013. 11
（培养优等生）
ISBN 978-7-5509-0607-5

Ⅰ. ①教… Ⅱ. ①岳… Ⅲ. ①家庭教育
Ⅳ. ①G78

中国版本图书馆 CIP 数据核字（2013）第 275926 号

出版发行：黄河水利出版社
社　　址：河南省郑州市顺河路黄委会综合楼 14 层（编码：450003）
电　　话：0371－66026940
网　　址：http://www.yrcp.com

印　　刷：三河市人民印务有限公司
开　　本：787 mm×1 092 mm　1/16
印　　张：11.5
字　　数：207 千字
版　　次：2013 年 11 月第 1 版　2021年8月第2次印刷
定　　价：39.90 元

目 录

第一编 绪 论

第二编 开朗合群的孩子

第五编　健康成长的环境

第六编　结　论

第一编

绪 论

天下父母都疼爱自己的子女，都期望他们能够茁壮成长。孩子长大后会开朗合群吗？会正直、自主吗？会进取、能干吗？这些都是为人父母者的疑虑和企盼。孩子能否茁壮成长，有赖父母的照顾、关怀和教导。但是怎样的照顾、关怀和教导才能让孩子茁壮成长？我们有幸从事成长心理学和教育心理学的研究和教学工作，有机会对这些问题进行有系统的思考和探索。能扶掖新一代成长是一种恩赐、一种快乐。我们乐意和家长分享我们在成长心理学和教育心理学上的所知所学，与家长一起探索孩子的成长路。我们诚意邀请你翻阅本书，我们乐意和你一同上路。

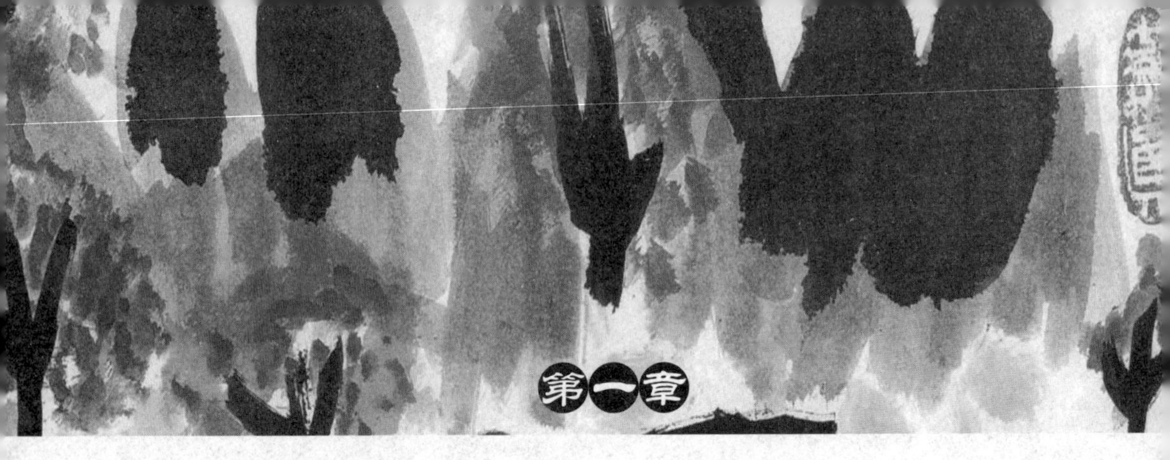

孩子的成长：我们的一点看法和寄望

孩子天真烂漫，一颗巧克力、一个可爱的洋娃娃、卡通片中的滑稽动作，都能给小脸蛋引发灿烂的笑容。孩子对事物充满好奇心，草丛中的小蚂蚁、街上的公共汽车、天上的云朵，都能惹起小孩的兴趣。每个小孩子都是一个希望，将来从事什么行业、如何走人生的路、怎样与他人交往，这一切都是未知之数。然而，每一个小孩都需要身边人的关心、疼爱，都需要父母、老师以及他人带引他们去探索、领会这个世界。为了孩子的将来，为了社会的明天，我们必须细心思量如何去担起这个重任。为人父母是一个毫不简单的任务。

天下父母未必个个"望子成龙"，但为人父母，无不希望子女能健康快乐地成长，将来对个人、家庭和社会都有所贡献。我们理解父母对子女成长的殷切期望，希望能以此书与广大家长共商教养孩子之道。父母是孩子身边最重要的人，他们为孩子带来温饱、保护和关怀，还负责引导孩子成材，以至成为社会里积极有用的一员。要有效地担当这些职责，父母应掌握儿童成长的重要事项，这包括：（一）成长的多面性；（二）孩子的禀性与环境的配合；（三）学习的条件；（四）成长的阶段性；（五）成长的多层次环境。

1. 成长多面体

要照顾孩子的成长，便要理解成长的各项需要。初生婴孩像白白嫩嫩的一堆粉团。他没有语言能力,只会哇哇大哭,四肢仅能有限地摆动。他也缺乏复杂的思维,心中想的也许只限于食睡两项基本需要。然而这个小孩长大后可能是能言善辩的政治家、参加奥林匹克运动会的体操好手,又或者是钻研学问的哲学家。就算他只成为一个普通的成年人,有一份谋生的工作、养家育儿、奉公守法做个好公民、与他人有和谐的人际关系等,这些相对初生婴儿的所知所能,都是不简单的成就,当中所经过的成长道路可想而知是极其复杂的。

成长不单是身体器官和四肢的成熟,亦包括了在情绪、社交、个性、道德和学习各个方面的发展。孩子成长后才能身心健康,有融洽的人际关系,学有所成,做一个对自己、他人和社会尽责的人。故此,家长抚养孩子成人,除了提供温饱,孩子的成长,我们的一点看法和寄望确保孩子身体康健,亦必须关心他们在情绪、社交、个性、道德和学习各方面的均衡发展。正如以小木块堆砌而成的游戏"叠叠乐",要细心铺排每块木条,才能使整体保持平衡。中国传统文化中的"五育"——德、智、体、群、美,扼要地总结了成长目标的多面性。过分追求学业成绩,又或者只顾及身体四肢的操练,都会造成问题。

2. 天生我"材"

有些人认为生养孩子等同参与抽奖游戏,看你手中抽着的是什么奖品。虽然现代医学科技发达,甚至可以复制人类,但一般来说,父母对尚在胎中的孩子无从估计。这会是个聪明抑或愚钝的小孩,孩子会是好动或是好静,父母有时会抱有听天由命的心态。一旦抽中头奖的话,孩子既聪明伶俐又活泼可爱,省却了父母照顾的心神和体力;不幸只拿得安慰奖的父母,劳尽心力去应付顽钝调皮的孩子也是徒劳无功。然而生养孩子真的等同抽奖游戏吗?

我们得承认孩子与生俱来有自己的个性、特质、喜好和强弱处。例如有些人的性子急，另一些人是慢郎中。名歌星王菲声线清脆，一把好嗓子，而梅艳芳的歌声则是低沉而令人回味不已。这些天生的特性往往来自父母或家族血缘的遗传，透过生理构成呈现出来。同一家庭内的成员往往有不少相似的地方，如外貌、身高、脾性等。然而，我们亦得承认环境对儿童的成长有着相当的影响。心理学界一直在争论一个问题：人的性格、行为和对事物的取向是与生俱来抑或后天养成？先天论认为个人成长受遗传和生理因素的绝大影响。遗传学的研究尝试比较有血缘关系的人（如：亲子、兄弟姊妹）和没有血缘关系的人（如：陌生人、收养子女的家庭）在行为、心理、身体状况等各方面的相关性。根据多年研究累积所得，在智能测验得分及与生理状况有直接关联的范畴（如：身高体重、精神病发病率等）所呈现的遗传影响较明显，而对性格、行为等方面的遗传相关性则一般有限。然而研究学者普洛明（Pomin, 1989）指出：遗传研究所得表明了没有任何一组人类特性是完全受遗传控制，这证明了先天和后天两组因素皆对成长有影响。我们应关注的是两组因素如何相辅相成地左右了成长的路向。

孩子不是奖品，更没有所谓"头奖"或者"安慰奖"。"奖品"这种看法意味着孩子的天性是无法改变的，正如广东俗语所谓："好丑命生成"（一生命运是好是坏由天注定）。我们并不同意这种看法。孩子的天性的确局限了他的成长，正如我们不能期望个子矮小的能透过特殊训练便能成为奥运篮球选手，又或者五音不全的经悉心栽培可以成为出色的演唱家。然而，每一个孩子都具有独特的潜质可供发掘和栽培。孩子独特的天性，可以在合适的环境里得到最大的发挥。父母必须因应孩子的天性，为他们选择和安排恰当的环境，以协助子女培养和发挥所长。中国人有所谓"人才"，实在是一个十分好的比喻。每一个人就像一件木材，因其天生的品种而有不同的特质，如红木质地细致而色泽鲜润，柚木则是坚硬耐用，故此红木用来制造家具而柚木则是居室地板的上等选料。同样,每一个人须因应自己的特长而有所发挥。家长应接纳和欣赏孩子的特性,再循其本质和内涵加以协助。

家长对子女天赋特质的接纳极其重要。有个女孩因天生免疫系统出了毛病，对尘埃特别敏感，只不过十岁左右的年纪已长期受湿疹困扰，身上总是因抓养而长满了一个又一个的脓疮，不单孩子浑身不舒服,连其他小朋友也因患者的外表而畏于跟她接触。家中有这么一个女儿,理应是头痛不已的事。可幸这小妹妹的妈妈没有离弃和讨厌女儿。她全然接受女儿患病的事实,对女儿的日常起居悉心照顾,务求减低家中尘埃,好令女儿的病情受到控制。她的关怀和接纳更令女儿没有因患湿疹而自卑,能以勇气和尊严面对生活。这个例子反映了对孩子的关爱和栽培,必须建基于接纳孩子的天赋特质。没有人是十全十美的,我们不这样要求自己,也不要强加于孩子身上。

3. 学习的条件

一个人的成长是先天与后天种种因素的互动结果。父母在这个互动过程中，扮演着极其重要的角色。身体发肤固然受自父母,先天的体格、才智、禀性等都来自父母的基因。可是基因程式并不能决定一切。如前文所述,后天环境的因素有不容置疑的影响力。我们相信所有的孩子都是璞玉,能否成器视乎后天的琢磨。父母不能控制自己的遗传基因,但却能够左右孩子成长的后天环境。我们刚才谈天生我材,就是要说明尽管孩子先天禀赋各异，但都可以成材，其关键在于后天环境如何配合。如果父母能因应孩子的才情气性和潜能喜好而提供相配合的成长环境,父母哪怕抽中什么"奖品",他们的孩子也可以茁壮成长。先天后天的互相配合就是俗语说的"合拍",是孩子茁壮成长的关键。然而,后天的栽培除了要注意"合拍"外,也要注意学习的心理过程和机制。

后天的琢磨其实就是学习。学习所得并非天生所得,而是透过生活经验积累下来的。但凡孩子在生活经验中习得的知识、技能、态度、信念以至喜好，都是学习的结果。怎样才可以让孩子在良好的学习环境下，学习才会出现？在怎样的条件下，学习才最有效？为了要解答这些问题，我们从教育心理学中追寻答案。其中一个重要的条件是顽强的学习动机。有了坚韧不拔的意向，孩子便能冲破困难，甚至是先天上的限制，掌握要学习的项目。近代著名的作家海伦凯勒（Helen Keller），自小便失明和失聪。既看不到，也听不 到，她似乎无法学习，最初连说话也不会。但她有无比的斗志，经历了比常人艰辛百倍的学习过程，最终成为出色的作家，激励了万千读者。海伦凯勒的成功与她顽强的学习动机分不开。没有过人的斗志，她便不能冲破重重障碍，得到过人的成就。学习动机有如此的威力，为人父母者不能不重视培养孩子的学习动机。

海伦凯勒的成功，除了因为她有顽强的学习动机外，也因为她有接纳和爱护她的父母，而且有幸遇上一位出色的老师，安妮苏利文（Anne Suivanl）。这位老师明白学习所需要的条件，她对海伦凯勒循循善诱，按她的能力设计合适她的学习项目，让她循序渐进，一步一步从不懂学到懂、从不能学到能。不管父母有心还是无意，父母必然是孩子的第一个老师。孩子学会讲第一句话，走第一步路，都依凭父母的扶掖。我们能像海伦凯勒的老师吗？能！如果我们理解学习的心理过程和机制，好好将之利用，我们都可以成为孩子的好老师，为孩子的学习提供一个良好的环境。

4. 多阶段的成长过程

走进百货公司，形形色色的不同货种，令人真有点眼花缭乱。单是售卖儿童服装的，便分成了好几个部门。这边厢是为初生婴儿而设，衣服质地柔软，设计简单舒适，颜色都是浅蓝粉红。旁边呢？是一至四岁幼童服装的专柜，颜色七彩缤纷，亦多印上可爱的卡通图案。那边厢的衣服都是以五至十二岁中童作为对象，多点讲求实用性，像耐穿的牛仔裤或汗衫。最后的是青少年服装，特别着重追求流行品味，是截然不同的类别。单在百货公司这么逛一圈便能察觉：成长中的孩子在不同的年纪对服饰有不一样的需要，反映了每个成长阶段的独有特质和需要。

几位著名的成长心理学专家如：皮亚杰（Jean Piaget）、弗洛伊德（Sigmund Freud）、埃里克森（Erikson）、科尔伯格（Lawrence Koh berg）等都不约而同将成长时期划分为几个重要的阶段。这些论说让我们理解到不同年纪的孩子在生理、心理各方面皆有独特的特征和需求，如：埃克里森的人生八阶段论，指出不同的人生阶段有不同的成长挑战。就读小学的小孩需透过参与各项活动去建立自己的能力（competence），从而产生勤奋感（industry），而中学生进入了青少年期，则是摸索自我身份（identity）和人生的路向，细问"我是谁"的时候。我们想强调的是：这些不同阶段的出现，部分是由于身体日渐成长，部分是来自社会对不同年纪的人有不同的期望及要求。正因成长的各环节包含了生理成熟的成分，这提醒了我们要因应孩子的成长阶段作出辅助，切忌揠苗助长。例如，幼稚园学生仍未有足够认知发展成熟度去应付乘除数的运算，强迫他们去背诵乘数表反而令孩子对算术兴趣大减，甚至望而生畏。在幼儿成长这方面，我们特别讲求就绪程度（readiness），即指以个别孩子的成长状况来评估他是否适合学习某种新技能。幼儿腿部肌肉发展未成熟，过早强迫他们学走路，会形成圈形腿的现象。故此，家长须顺应子女的发展阶段而作出协助。不同孩子的生长速度都稍有不同，如有些孩子早一点学说话，有些孩子晚一点才学会走路。同龄孩子有个别差异，是绝对正常的。愿父母们谨记："学"无先后，达者为师。越早学会走路，亦未见得将来一定是田径选手。反过来说，比其他孩子稍慢才开始牙牙学语，将来也许有机会成为能言善辩的人。

5. 多层次的成长环境

扶助子女成长有点像栽种植物。植物的种子会决定将来开的是色彩艳丽的玫瑰、香气袭人的茉莉，抑或婀娜多姿的兰花。然而种植的环境，包括土壤、雨 水、阳光，亦会左右生长成果，而栽花所付出的精神和心血有助提高及改善种植环境。同样地，孩子的成长有赖先天资质和环境的配合，家长是扶助成长的"栽花人"。家庭固然是主要的成长环境，但家庭以外的世界亦提供了成长场地。成长环境是个复合体，包括了多层的系统。美国康乃尔大学学者布朗芬布伦纳（Bronfenbrenner, 1986）把儿童的接触面自近至远来划分为四个层次，当中包括了家庭、学校、朋友、社区，甚至父母工作的地方、管辖教育的机构、大众传播媒体等。后者虽与孩子没有直接的接触，但仍可伸展其影响力。例如父母需要轮班 工作，便会令亲子见面的时间大大减少。

由此可见，家长应了解成长环境是多层次的，除了家教外，外间社会亦对孩子有重大影响。从儿童及青少年对电视广告歌琅琅上口，或对偶像疯狂崇拜可见一斑。家长作为孩子成长环境的"栽花人"，须肩负中介人的角色，以助多层次成长环境之间的协调。例如，多关心自己孩子的学业、多了解子女的朋友、多参与家长教师会的工作以协助学校改进教育素质。此外，家长亦须留意自己的工作、婚姻及其他个人生活范畴，会否影响自己作为父母的职责。

6. 我们的寄望

我们以上的讨论围绕五个成长的重要事项：（一）成长的多面性；（二）先天与后天的配合；（三）有利学习的条件；（四）多阶段性的成长过程；（五）多层次的成长环境。我们深信如果父母能够了解这些事项，便可以对孩子的成长需要掌握更敏锐，也就能为他们提供一个更有利的成长环境。我们写这一本书的目的就是针对以上的事项，与家长分享我们在成长心理学和教育心理学方面的所知所学。

本书的内容分成六编，一共十个章节。第一编是绪论，而最后一编是结论。这两编各只有一个章节，但中间的第二至第五编则各有两个章节。第二编《开朗合群的孩子》集中探讨幼儿和儿童的情绪、个性和群性发展。成长有多个方面，包括情绪、社交、个性、道德和学习。在这一编里，我们先探讨其中有关情绪、社交和个性的发展。我们会讨论怎样的成长环境才可以培养出开朗合群的孩子。这一编参照成长的阶段性，分成两个章节：《幼儿的情绪》和《儿童的个性与群性发展》。幼儿和儿童分处不同的成长阶段，有不同的成长需要。因此我们先勾画幼儿的情绪发展，然后再讨论儿童的个性及群性发展。

第三编《正直自主的孩子》有一个主题：德育。道德发展是成长中不能忽视的一环。普天下的父母都希望自己的孩子明辨是非、正直善良而且有圆熟的自我，不随波逐流、人云亦云。这一编有两个章节：《青少年的成长》和《品德的培育》。前者承接前一编的《儿童的个性与群性发展》，继续探讨踏入青春期的子女在个性和群性上的发展。在这个探索身份的暴风时期，父母最大的挑战是让子女独立自主，但又提供足够的辅导和指引，使他们远离损友和歧途。后面的一章《品德的培育》，直接讨论道德发展。从性善性恶论开始，一直讨论到如何培养孩子正面的价值观和良好的品行。

第四编《进取能干的孩子》转换了角度，集中观察和讨论孩子的智力发展与学业表现。这一编的焦点是孩子的学习。在孩子成长的各个方面，学习占了一个非常重要的位置。天下父母都期望自己的孩子能好好学习，他日成为进取能干的人。我们在这一编中安排了两个章节：《幼儿的认知发展》和《儿童及青少年的学习》。这两个章节按着智力发展的主线，顺序从幼儿牙牙学语谈到儿童和青少年的学业问题。我们希望借此和家长讨论学习的心理过程和机制。当我们对这些过程和机制有所了解，便可以凭此安排有利孩子学习的条件。这些条件包括配合孩子发展轨迹的教导策略、激发孩子学习动机的环境安排,以至家庭和学校的合作等。

第五编《健康成长的环境》跟以上各编有点不同。之前的篇章都以孩子为核心,检视孩子在情绪、社交、个性、道德和学习各个方面的发展。但这一编的焦点则从孩子自身转移到孩子所处的环境方面。我们在前文也曾指出,环境对孩子的成长有莫大的影响,而孩子的成长环境是多层次的。刚才谈到家庭和学校的合作有利孩子的学习。家庭和学校是孩子成长的两个重要环境,但孩子的成长环境又岂止于此?朋友、邻舍、社区,甚至社会文化和大众传媒都分别是孩子成长环境的一部分。我们在这一编中,将集中讨论这些环境对孩子成长的影响,并详论父母的角色与处理方法。这一编有两个章节:《家庭系统》和《成长的生态环境》。我们由近至远,层层剖析孩子身处的环境。前一章先讨论家庭内的因素,这些因素包括家庭成员的关系、独生子女的教养和父母离异的问题。后一章探讨较远较阔的环境如何冲击家庭,继而影响孩子的成长。所讨论的事项包括双职父母的难处以至保姆佣人的问题。我们希望家长能借着这一编的讨论多认识成长环境的影响力,从而知道怎样营造有利孩子成长的环境。

第二编

开朗合群的孩子

本编的焦点是孩子的情绪、个性和群性发展。我们都希望子女是达观开朗和 容易与人相处。虽然性情也受遗传基因影响，但我们在前一编也曾指出后天因素能左右一个人的性格发展。在这一编里，我们会探讨怎样的成长环境能培养出开朗合群的孩子，其中包含了两个章节："幼儿的情绪"和"儿童的个性与群性发展"。前者讨论幼儿的情绪需要和日后的性格发展；后者则论述儿童的个性和群性发展，探讨孩子如何建立健康的自我概念和发展良好的人际关系。我们希望这两个章节能让父母了解孩子在幼儿期和儿童期的成长需要，从而给予适当的照顾和启导，让他们在情绪、个性和群性上有良好的发展。

幼儿的情绪

小小年纪的孩子会有怎么样的内心世界？五六岁以下的小孩，看来都天真烂漫，乐了便笑，恼了便哭。一两岁的婴孩更是看似简单，基本上是饱了便笑，饿了便哭。但当过父母的人都知道：小小年纪的孩子绝不简单。不要说四五岁的幼儿，光是未满一周岁的婴儿，其内心世界精微奥妙，情绪的变化殊不简单。从成年人的观点看，幼儿的哭笑、雀跃与怖怯不一定“合理”。他们的情绪反应往往让成年人大惑不解。为父母者，都希望自己的孩子可以快乐健康地成长。要做好这一份天职，父母便得要解开疑团，明了孩子的情绪发展。

一个人的性格与行为深受儿时情绪发展的影响，在这一章里，我们会从亲子关系透视幼儿的情绪，并剖析亲子关系及幼儿情绪对日后性格和行为的影响。我们也会探讨父母可以如何与孩子建立良好的亲子关系，从而协助孩子快乐健康地成长。而幼儿的情绪发展又根植于血浓于水的亲子关系，这一点在心理学界已是不争的事实。

1. 两个奇怪的孩子

1928年，当今著名的儿童精神科医生鲍尔比(John Bowby)还是个小伙子，刚从英国剑桥医学院毕业。跟许多好奇和热情的年轻人一样，鲍尔比爱上了义务工作。他跑到一所专为问题儿童开办的寄宿学校当义工。他遇上了两个奇怪的孩子。一个像个孤独的幽灵，脸上没有喜怒哀乐的表情，跟任何人都没有交往。另一个刚好相反，总是焦虑惶恐，整天如影随形，跟着鲍尔比团团转。这两个孩子行为很不 一样，但都同样有一个不幸的童年。他们都缺乏了父母的照料和关怀。他们从小没 有一个可以信靠依赖而且又长期稳定的成人在身边。这两个孩子使鲍尔比大惑不解。他深信童年的经验会影响儿童日后的性格发展。但他不明白这是一个怎么样的过程。为什么两个有同样不幸童年的孩子会有这么不同的行为？这两个孩子的故事促使鲍尔比选择了继续攻读儿童精神科，并以心理治疗作为专业。

第二次世界大战爆发，鲍尔比留在英国行医，并与一群志同道合的专业人士创立了塔维斯度克诊所（Tavistock Clinic），从事治疗和研究的工作。第二次世界大战结束后，有大量的儿童在离乱中失去父母。鲍尔比接受联合国世界卫生组织(The World Heath Organization, WHO)的任命，研究这些儿童的心理健康。鲍 尔比的研究焦点是父母与儿童分离后对儿童日后行为的影响。鲍尔比和他的同事花了大量时间在孤儿院、托儿所和医院里进行观察和访问。那里的孩子长期与父母分离，没有长期稳定的成人去照料他们。虽然他们都吃饱穿暖，那里的卫生也不成问题，但这些孩子总是长得不好。1951 年，鲍尔比完成了他的报告。他在报告中指出那些过早离开父母的婴孩不能很好地与人相处。他们怕冒险，怕做游戏，怕探索。鲍尔比为联合国世界卫生组织做的研究奠下了他的依恋理论（Attachment Theory）的基石。他的研究结果使他相信婴孩与母亲(或一个稳定的保姆)之间的亲密而连续不断的依恋关系是心理健康的最基本的东西。他认为一个人如果在婴儿时期与母亲有良好的依恋关系，他将会长成一个对自己和他人有信心的人。反之，一个人如果在婴儿时期未能与母亲形成良好的依恋关系，他将可能变成一个对 人对己都怀疑的人。

尽管鲍尔比的依恋理论是根据他的临床观察和研究，但其解释力与预测力尚待实验的证明。婴儿时期依恋行为对日后人格的巨大影响仍需进一步研究和证实。

2. 不同类型的依恋行为

安斯沃思(Mary Ainsworth)来自加拿大多伦多,与鲍尔比相隔了整整一个大西洋。但因缘巧合,他俩在五十年代初期一起在塔维斯度克诊所工作。较鲍尔比年轻六岁的安斯沃思深受鲍尔比的依恋理论所影响。当她离开塔维斯度克诊所后,她仍然继续研究婴孩的依恋行为。她在乌干达和美国进行了长时期的观察和访问,并且设计了一个陌生环境(Strange Situation)的实验,用以研究婴孩的依恋行为(Ainsworth, B ehar, Water, & Wa , 1978)。她把实验室布置得像个放满玩具的游戏室。她让一周岁的幼儿和妈妈一同进入实验室,然后观察幼儿怎样探索室内的玩具,怎样和妈妈保持联系。她也安排一个陌生人进入实验室,看看幼儿在妈妈的陪同下怎样看待陌生人。然后她请妈妈离开,让陌生人单独和幼儿在实验室内,从而观察幼儿对妈妈离开及和陌生人相处的反应。最后她安排妈妈重返实验室与幼儿团聚,看看幼儿有怎样的表现。

你猜想幼儿会有怎样的表现呢?会嚎啕大哭?安之若素?奋力反抗?瑟缩一角?安斯沃思(1971)发现幼儿在陌生环境的实验中,会有三种依恋形态:

(一)焦虑回避的依恋形态(anxious/avoidant attachment)。安斯沃思发现有一小部分的幼儿对妈妈在场不在场并不打紧。妈妈离开时,他们没有特别紧张和忧虑的表现。妈妈回来了,他们也没有特别兴奋的表现。他们往往不怎么理会,有的甚至别过头来,刻意回避妈妈。这些幼儿对陌生人没有特别害怕,有的更会接受陌生人的安慰,就像接受妈妈的安慰一样。这些幼儿就好像没有和妈妈形成依恋关系一样。

(二)安全的依恋形态(secure attachment)。在安斯沃思的实验里,大部分的幼儿都属于这一类。他们与妈妈在一起时,可以安逸地把弄玩具，探索陌生的环境。只要他们知道妈妈在附近，他们就安心，可以冒险探索。妈妈仿佛就是他们的安全基地。面对陌生人时，只要妈妈在附近，他们也没有太惊恐。一般而言，他们的态度比较积极，没有老是依偎在妈妈身旁。当妈妈离开时，他们的探索行为便会受到影响，而且明显地表现不安和苦恼。当妈妈回来时，他们会主动跑向妈妈，要妈妈搂抱安慰。只要妈妈稍加呵护，他们便很快平静下来，继续游戏探索。

（三）焦虑抗拒的依恋形态（anxious/resistant attachment）。有焦虑抗拒形态的幼儿老是依偎在妈妈身旁，显得很焦虑。即使他们知道妈妈就在附近，他们也不放心去把弄玩具和探索陌生的环境。面对陌生人时，他们特别紧张。当妈妈离开，他们便极度反抗，哭闹得很厉害。当妈妈回来时，他们便立刻扑上前寻求接触，但同时他们又会抗拒接触，甚至还显得有点发怒的样子。即使妈妈刻意安慰仍不能让他们安静下来，更遑论让他们继续游戏探索了。

缅恩（Main, 1995）在柏克莱大学重复了安斯沃思的研究。她发觉有一小部分幼儿不能以安斯沃思的三个形态来区分。他们既不是焦虑回避的依恋形态，也不是安全的依恋形态或焦虑抗拒的依恋形态。由于他们的表现混乱而无组织，因此她将这一类的幼儿编入第四类——混乱的依恋形态。

（四）混乱的依恋形态（disoriented/disorganized attachment）。这一类幼儿有部分会两眼发呆，什么都不做；有部分会突然开始做某一活动，但又会戛然而止；有部分更会把陌生人看成是妈妈一样，要求安慰搂抱。这些幼儿有部分有受虐待的背景，有部分的父母本身有心理创伤或毛病。

3. 依恋行为对孩子成长的影响

不同依恋形态的孩子长大以后，行为会否有所不同呢？鲍尔比的依恋理论是否站得住脚，得要视乎追踪研究的结果。明尼苏达大学的斯鲁弗（Sroufe, 1983）和柏克莱大学的缅恩（Main, 1995）花了几年时间追踪参与过陌生环境实验的幼儿。他们的追踪研究均显示儿童在一周岁时的依恋形态能预测儿童在五六岁时的表现。

斯鲁弗的研究发现依恋形态能预测儿童在幼儿园的表现。在一周岁时有安全依恋形态的儿童通常被幼儿园的老师形容为合群、受欢迎、有办法和不容易泄气。然而，在一周岁时有焦虑回避形态的儿童则被老师评为情感淡漠、不合群，但又偏偏爱不适当地惹人注意。而那些在一周岁时有焦虑抗拒形态的儿童也爱不适当地惹人注意，而且表现冲动，容易受挫或者显得无助及被动。

在柏克莱大学，缅恩的研究也有相类似的发现。缅恩邀请参与过陌生环境实验的儿童和父母在五年后接受访问和观察。她发现当年有安全依恋形态的儿童表现得亲切友善。与他们的父母相处时，他们态度自然轻松，能有自由畅快的交谈。当年有焦虑回避形态的儿童却处处与父母保持一定距离，连招呼也是简短而形式化，对话的内容只涉事务，不谈彼此的感觉和想法。他们忙于把弄玩具或沉迷某些活动，甚至不怎么理会父母的搭讪。当年有焦虑抗拒形态的儿童则有一种复杂的不安全感。他们时而表现忧伤，时而表现惊恐。他们对父母的态度有时亲密，有时却敌视。至于那些当年有混乱依恋形态的儿童则表现得霸气。他们有的要操控父母，对父母有轻藐和拒绝的态度。但他们有的却掉过头来处处维护和照顾父母，似乎和父母对调了角色。他们和父母的对话显得零乱而不整全，常常中途撤换或终止话题。

为什么依恋形态能预测孩子长大以后的行为？为什么有安全依恋形态的儿童通常会有较好的发展？而那些非安全依恋形态的儿童，无论是回避的、抗拒的，还是混乱的，均有较负面的行为？要回答这些问题，其实并不困难。依恋行为是所有动物生存所需要的。其他动物，例如鸭子、猴子的幼雏都会有同样的依恋行为。因为幼雏都比较弱小，需要照顾才可以成长。而人类就更加需要有这种照顾和关爱。因为我们的婴儿在出生到成长的一个很长过程中，都需要别人的照顾。人类的婴儿在出生后，要十个月或一岁之后才会行走，一切衣、食、住方面，生存所需要的东西都需要父母供应。由于这个缘故，他们不能不对于身边的成年人有一种依赖。因为他要依赖父母给他食物，依赖父母给他温暖，依赖父母保护他们免受危险的威胁。幼儿有依恋行为是正常现象，不是什么问题。可是，如果这些幼儿对成人的依恋需要得不到满足，问题便衍生了。当幼儿饿了没有人理会，冷了也没有人给他加衣，遇到危险也没有人去保护他时，他的成长就很有问题了。不仅仅是生存得不到保证，就连基本的安全感和信心也失去了。幼儿除了有衣食等基本生理需要以外，更有被关怀和被保护的心理需要。威斯康辛大学的著名动物心理学家哈洛和他的同事（Har ow & Har ow，1969）曾做过这样的实验：为了探讨母猴在幼猴成长中的作用，他把一些幼猴自小和母猴隔离开来饲养。他在笼子里放了两个假母猴代替真母猴。一个是由金属网造成的金属母猴，另外一个是由柔软毛布造成的布母猴。即使哈洛只在金属母猴身上安装可供幼猴吸吮的奶瓶，幼猴除了吃奶的时间以外，大部分的时间还是依偎着布母猴。哈洛把一只会打鼓和步操的发条玩具熊放进笼子里，幼猴便吓得立刻逃到布母猴那里，紧紧抓着不放。以今天的研究标准来看，哈洛的实验未免残忍了一点，大概不一定能通过研究机构的道德评审机制。但无论如何，他的实验证明了动物的幼雏除了有被喂饲等基本生理需要以外，还有被关怀和被保护的心理需要。哈洛其后的研究显示那些自小与真母猴分离的猴子长得很不好。它们长大以后，对其他的猴子不是冷漠便是有虐待攻击的倾向。它们无一能正常地交配生育。幸好哈洛的实验不以人类的幼儿作对象，但他的研究结果却可以给人类借鉴。我们的孩子和很多动物的幼雏一样，都需要有长期稳定的照顾者在旁，以作依赖。他们需要与照顾他们的成人建立安全的依恋关系。只有在关注和爱护下，我们的孩子才可以建立安全感和信心，好好地成长。

心理学家埃里克森（Erikson, 1963）认为幼儿在一岁大的时候，面对着一种危机，这个危机就是信任与不信任的危机。这个时候，应该让孩子学会信任身边的人及周遭的世界。但孩子得不到善待，便无法建立信心，日后的成长也会困难重重。埃里克森的理论并没有很强的研究基础作支持，但他所讲的与鲍尔比或安斯沃思的理论却不谋而合。而鲍尔比与安斯沃思的理论就有相当多的实证支持。在他们的实证研究中，幼儿如果在一周岁时依恋行为出了乱子，便很难建立安全感和信心，日后的成长便会有很多的困难。

我们再仔细看一看安斯沃思的陌生环境实验。当我们将一周岁的幼儿放置在一个陌生的环境之中，有安全依恋形态的幼儿能够视他们的父母为探索冒险的安全基地。只要知道父母在附近，他们就敢于去探索，敢于去尝试新的东西；即使有陌生人在他们面前也无碍他们的探索和学习。正因为他们够胆量在一个陌生的环境里面去探索，去玩游戏，去学习，他们日后的社交能力当然就会强一些了，学习也会快一些。由此，我们可以理解为何属安全依恋型的幼儿能够成长得较好。

焦虑回避形态的幼儿的父母，态度一般比较严苛，有时更接近拒绝。这样的态度令这些幼儿产生了一种回避的自我保卫机制。因为既然没有人照顾、关爱，或者受到拒绝，最好的自我保卫就是不需要任何人去关爱了。在这种情况之下，他们就形成了一种回避的依恋形态。在日后的成长过程中，他们就比较不肯信任周围的人，并且难于与人建立一种较为正面的或者积极的关系。

焦虑抗拒形态的幼儿，其父母较常犯疏忽照顾的毛病。在这种情况下，幼儿会很惊怕父母不理他、不要他，在困难和危险的时刻扔下他。在缺乏安全感的情况下，焦虑抗拒形态的孩子便如影随形地追随着成年人，要求照顾和关注。在陌生环境的实验室里，即使父母在身边，他们都不敢对实验室的玩具进行探索。以这样的态度，他们又怎样能更好地学习呢？没有信心的幼儿，其成长就远远没有那些属安全依恋形态的幼儿那么好了。

我们回过头来看看本章开始时讲到的两个奇怪的孩子。第一个是焦虑回避型，好像幽灵一样，和任何人都没关系，同任何人都没有交往。另外一个是焦虑抗拒型，如影随形地一直跟着鲍尔比。

至于那些混乱依恋形态的幼儿，他们大多数来自被虐待的家庭背景。有部分的父母更因为自己本身有心理创伤或毛病而不能好好地照顾他们。所以这些幼儿的依恋形态相当混乱迷茫。在这种情况下，可以想象到这些幼儿将难以得到理想的成长和发展。

不同的幼儿依恋形态会影响幼儿日后的成长。但是我们又不能太过宿命，相信“一岁定八十”，认定一周岁时的依恋形态就决定了一个人一生的性格与行为。因为其间还有很多的可变因素。我们会在本书中陆续谈到这些因素。但是我们不能否认幼儿的依恋行为对日后的成长确实影响深远。父母如果与幼儿建立了一个良好的、安全的依恋关系，就好像给了这个孩子一笔巨大的财富。在下一节中，我们便会讨论怎样的因素可以使父母和子女之间建立起良好的依恋关系。

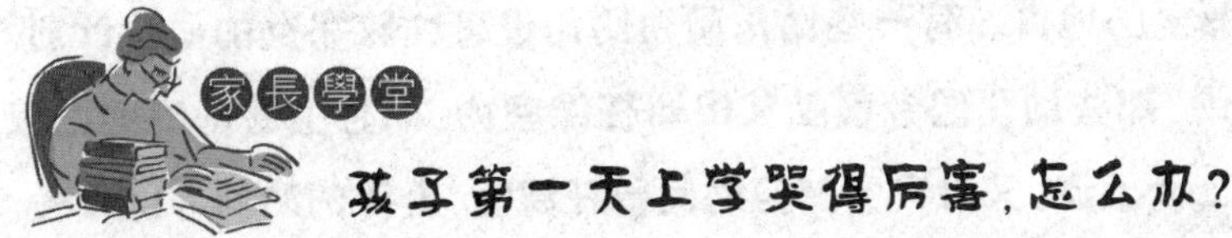

孩子第一天上学哭得厉害，怎么办？

孩子初上幼儿园，常有害怕的表现，有的更哭闹得厉害，不让爸妈离开或者索性拒绝上学去。假如我们在新学年开学的第一天，路过幼儿园，不难遇见鬼哭神嚎、声震屋瓦的现象，让家长、老师好生尴尬。遇上

孩子在开学初期害怕离开父母，该怎么办呢？父母不用因此而断定自己的孩子是C型（焦虑抗拒型）的孩子，也绝不用为此而忧心忡忡，生怕孩子和自己的依恋关系不够安全。其实所有正常的孩子都害怕陌生人和陌生环境，也害怕离开保护他们的爸妈。这正是依恋关系对孩子生存和成长的贡献。在安斯沃思的陌生环境实验中，安全依恋形态的B型孩子也害怕陌生人，也不愿意妈妈离开。当妈妈丢下他和陌生人在实验室时，他也会哭，也会不依。但我们不能因为这是正常现象而掉以轻心，忽视了为孩子开学作好心理准备。如果父母没有适当处理孩子初上学的害怕心理，孩子与父母的依恋关系便会受到影响。反之，父母处理恰当，孩子与他们的依恋关系会更安全牢固。以下是一些父母可以参考的处理方法：

（一）父母要明白幼儿害怕陌生人和陌生环境是正常健康的现象。父母不要太忧心，也不要苛责孩子无用。幼儿初上学需要适应，父母正是帮助幼儿适应的最佳人选。父母要学会有关的辅助策略和技巧。

（二）为了让幼儿减轻害怕的心理，父母可以在开学前先向幼儿介绍幼儿园的生活，好让他了解幼儿园是一个学习和游戏的地方。父母可以告诉幼儿那里有爱护他的老师，也有和他玩耍的同龄小朋友。在那里老师会讲故事，教唱歌。他可以和其他小朋友一起游戏和用茶点。

（三）假如情况许可，在开学以前同幼儿参观幼儿园，认识那里的老师，熟悉那里的地方。有一些幼儿园为幼儿设有比较完整的适应计划。第一天上课，那些幼儿园会鼓励父母留在课室内，而且上课的时间比较短。到第二天上课，父母只会部分时间留在课室，上课的时间亦比较长。到了第三天，父母只送幼儿上学，不留在课室，而上课的时间也会完全正常。经过这样循序渐进的过程，一般幼儿都能顺利适应。

（四）第一天留下幼儿在幼儿园上课，父母不要不辞而别。父母要向幼儿解释清楚，告诉他父母会离开一会，让他跟老师和其他小朋友一块学习游戏。父母可以告诉幼儿："我们要离开办点事(例如：买菜)，放学的时候才来接你回家。"但父母一定要信守承诺，准时来接幼儿放学。

(五)经过了事前的心理准备，有部分幼儿在父母离开的时候仍会苦恼不安。父母不要表现得难过或依依不舍。幼儿对父母的感觉最敏感。幼儿通过阅读父母的表情而判断某一情况是否安全。假如连父母都哭了，幼儿哪有不怕之理？幼儿会觉得情况极度危险可怕，更加不愿意离开父母。父母要知道离家上学是孩子成长的必经阶段，用不着舍不得。父母若能表现得坚定而神态自若轻松，幼儿的焦虑也会自动降低。

(六)不要以责罚和恐吓的手段强逼幼儿就范。千万不要说："你再哭的话，老师便会罚你，把你关进黑房。"也千万不要说："你再哭的话，妈妈以后便不要你。"

(七)接幼儿放学时，要夸赞他长大了，可以像哥哥姐姐一样上学去。父母要学会多关注孩子的正面行为，而少给予负面行为不恰当的关注。

4. 依恋行为的形成：与孩子共舞

大家有没有跳舞的经验？西方的社交舞如华尔兹、探戈等步法优美，一对男女在舞池中翩然起舞，迎着悠扬的音乐，共舞者互相配合，踏出优美典雅的脚步，实在赏心悦目。社交舞隐喻了人际关系奥妙之处，双方必须互相协调和配合，才能获得美满的效果。以跳舞来形容父母与幼儿的依恋关系十分恰当。依恋关系的形成不单与子女和父母各自的因素有关，更有赖两者之间的微妙配合。

4.1 孩子的因素：天生"脾性"难自弃

孩子天赋的底子是培养安全的依恋形态的一个重要因素。首先，孩子的外表和身体状况会影响亲子依恋关系的发展。外貌端庄和讨好的人，在初次接触中较易取得对方的接受和合作。反之，形貌猥琐的人，难以取得他人的亲近和信任。同样地，样貌精灵可爱的婴儿，身边的人都乐意多加接近和逗玩。相反，样子古怪又或者天生有缺陷的（如兔唇），往往使人难于亲近。虽则父母爱子之心不像择偶或者拥戴偶像般着重外貌的吸引，但外形趣致的婴儿始终较容易受到父母及其身边的成年人的呵护，亦因而使依恋关系的发展更顺利。其次，孩子的“脾性”（temperament ）亦相当重要。脾性是指与生俱来的性格。心理学家一般认为，初生婴儿因应其天赋的生理状态而对外间刺激有不同情绪或行为反应。家中有多于一名孩子的父母，很容易察觉不同子女在婴儿期的情绪和反应各有不同。有些婴儿夜里很安静，吃饱奶便好好入梦，不会因些微声音而惊醒。另外一些婴儿整夜号啕大哭，肚子吃得满满的也要有人抱着逗着才肯安静下来，弄得父母没法好好入梦，筋疲力竭。这两种情况明显地反映了初生婴儿已展示相当大的个人差异，在情绪表现及行为上有与生俱来的特质，此谓脾性也。

美国一对心理学家夫妇托马斯和切斯（Thomas & Chess, 1977）致力研究及观察婴儿的行为和情绪，他们留意婴儿的活跃程度、反应敏锐度、对新环境和事物的适应能力及心情等状况。他们划分了三种基本的婴儿脾性形态：包括易带（easy）、难带（difficut）、慢热（sow to warm up）。易带的婴儿心情通常不错，容易接纳新事物。妈妈让他试新食物（如：转奶粉），他会欣然接受。孩子很早便能定时进食、入睡、大小便，亦很容易适应转变。偶尔一天到别人家里睡在陌生的床上，也没怎样闹别扭。难带的婴儿刚好相反。他们不大接受新事物或环境转变，很容易啼哭，进食、入睡等日常起居没有时间规律。难带的婴儿号哭起来甚见声势凌厉，似乎是在抗议和表达不满，故此自幼已被认定是闹别扭的一群。第三种形态是慢热型。他们是处于头两种形态之间，特点是对陌生的外来事物有一种消极的反抗。难带的婴儿会把讨厌的新食物吐出来，还以哭声来表示抗议:"妈妈给了我什么? 竟然这般难吃! "慢热的婴儿同样不大接受新口味,但他只会把食物慢慢吐出来,以示静默的抗议。此外,他们很少对事物有强烈的反应,而往往需要较长时间去作出适应。脾性是与生俱来的心理和行为,受着孩子的生理状态的影响。早产婴儿或者有先天病症的小孩因需要额外的照料和关注,往往是属于难带的类别。

有关依恋行为与婴儿脾性之间的关系,一直是心理学家关注的课题。易带的婴儿因其较平易近人和容易适应环境的脾性,能得到父母的细心关怀和照顾,容易形成亲子之间安全的依恋关系。反之,难带的婴儿令父母难以迁就,倾向产生焦虑的依恋形态。然而父母不应介怀自己的宝宝是属于哪种类型。正如人有高矮之分,此乃天生俱来。但人的高矮并不等同好坏,高个子有他的痛苦(例如:在狭小的车厢内没法抬起头做人),身材矮小的也有出人头地之处(体操运动员和赛马骑师便是好例子)。同样地,孩子的脾性是与生俱来,没有好坏之分。依恋形态并不完全由婴儿的脾性定夺,重点在于父母和身旁的成年人如何看待照顾孩子。

4.2 父母的因素:"领舞者"

能否发展安全型的亲子依恋关系,并非单由孩子的个人素质所决定,为人父母的举止本性也会影响亲子关系的建立。不少成长心理学研究(例如:Isabella,1993; Pederson et al . 1990; Seifer & Schier, 1995)都指出依恋关系视乎父母能否接纳孩子的个性和行为,以及能否因应孩子的举止和需要来作出适切的反应。幼儿尚未掌握语言能力,所有的心情、喜好、欲望等等皆只以哭声来表达。无论是肚子饿了、尿布湿了,抑或是心情烦闷,婴儿同样是哇哇地啼哭。对于成年人来说,要分辨听起来差不多的哭声,以此猜度宝宝的用意和需要,似乎毫不容易。报载日本的科学家在研究开发"婴儿哭声解码机",透过接收及分析孩子的哭声，让父母能借助先进科技去了解小宝宝的心意。其实育儿哪用机器代劳？父母只要细心留意揣摩孩子的行为情绪，便能掌握他的需求，令他安静下来："宝宝通常吃饱后便会乖乖入睡，今天却不安地啼哭，是不是今天天气炎热，房间的温度太高，令他不能好好入梦呢？"这种对孩子的细心揣摩的态度，心理学家称之为"家长敏锐度"(parenta sensitivity)。

就像跳舞一样，孩子和家长的互动必须互相配合。成年人较能采取主动，故应扮演领舞者的角色，作出敏锐的反应。这种敏锐度并不完全等同于爱子之心。爱心对育儿来说当然重要，但在满载爱心之余，亦必须对幼儿的情绪和需求作细心的观察和提供恰当的照顾。这并不是要求大家当"廿四孝"父母，对幼儿千般迁就和溺爱，给予百分之二百的呵护。敏锐度必须是因应孩子的行为情绪处境而作出适切的反应。过分的关注和呵护反而对孩子带来烦扰，适得其反。在得到敏锐适切的照顾下，久而久之，幼儿便能体会到自己有需要的时候，必能得到父母协助，从而对父母产生信任，对周遭的世界建立信心。就算父母要走开一会儿，孩子亦能相信他们很快便会返回自己身边，继续照顾自己。这便形成了安全依恋形态。反之，焦虑的依恋形态往往是源自家长的疏忽或退缩的态度。有些家长视育儿为苦差，未能尽心去投入父母的角色，没有因应孩子的需要和身心状况来提供适当的照顾，令孩子在饥寒时没有及时得到温饱，无聊的情况下无人做伴，受惊的情况下没有得到抚 慰。无助的幼儿因而对自己的价值产生怀疑("我大概是一个没有人关心爱护的孩子")，同时亦对旁边的人和事物没有信心，因为周遭环境及所发生的事不是有规律地进行，致使幼儿没有建立对事物的期望。若妈妈要走开一会，孩子可能毫不在乎(焦虑回避型)，或者老是缠在母亲身旁不让她走开(焦虑抗拒型)。

父母对孩子作出适当的反应和照顾，是培养安全依恋关系的要诀。孩子有自己天生的脾性，父母也有既定的性格。性格不合，不单是形容怨我的字句,其实也适用于亲子关系。在街上不时可看到亲子脾性不配合的情况:快餐店中,母亲三扒两拨用了五分钟时间吃完午饭,小儿子面前的一碗汤面却只吃了一点点,母亲埋怨儿子拖拖拉拉,每次吃饭都要弄上老半天,可能赶不及接妹妹放学。孩子嘟着嘴,连吃饭的胃口也倒了,原本已是进度缓慢的午膳,更是完全停顿下来。这位母亲没有考虑每个人的生理和心理节奏都有所不同。以自己的节奏来要求年幼的慢热型孩子作出配合,是难为了孩子。既然孩子的脾性是天生,上策乃是父母主动去作出配合。孩子若是慢热的"慢郎中",父母便应收起"急惊风"的性格,与孩子配合。例如,以上提及的母亲应把午饭时间预定宽松点,又或者替孩子点一客三文治之类较简便和可以带走的食物,这样便能把问题解决。这种亲子之间的性格和脾性互相迁就,是托马斯和切斯所指的合拍(goodness of fit)。在合拍当中,父母所采取的主动应变极为重要。

父母能否为孩子提供敏锐的反应和照顾,部分源自他们本身成长期间的经历及个人的情绪表现。首先,家长本身在成长时所经历的亲子关系,往往成为长大后育儿行为的参照。成长心理学的研究发现,母亲本身在孩提时的亲子关系,与其现时的亲子关系类似(Posada, et al. 1995; van Ijzendoorn, 1995)。若母亲与子女建立具安全感的依恋关系,她在襁褓时亦多是曾与自己的妈妈有类似的关系。

这不是说亲子关系有遗传成分,其实是成长中的依恋关系影响了日后对己对人的观感。成长中的幼儿,在接受父母亲的照顾时,建立了一套对自己和对他人的看法。若他示意自己肚饿或疲倦时,爸爸妈妈能立即体察到他的需要,给予适当的照料,孩子会觉得自己是一个受疼爱的孩子,而身边的人是可以信赖的,故此他可以安心去探索这个有趣又新颖的世界。安全依恋形态的孩子长大后便对自己充满信心和尊重,亦能给予其他人适当的信赖和关心,如是者幼儿期的亲子依恋关系演变成为日后与朋友和伴侣发展亲密关系的心理基础。当孩子他日长大成人、为人父母后，亦会根据依恋形态所奠下的心理基础，以相应的方式去照顾自己的孩子。

掌握子女的脾性

要与子女和谐共处，父母首先要掌握子女的脾性，继而作出适当的配合。家长请细想一下，你的子女的脾性如何呢？以下的问题可以帮助家长了解子女：

（一）你的子女有敏感的症状吗？他是否对声音、气味、颜色、味道和明暗的反应非常强烈？例如，嫌衬衣的质料太粗、投诉衣服的领子令孩子瘙痒。这种情况父母应留意孩子对周遭事物的反应，以作出相应的安排。如孩子怕嘈杂的声音，便应把家中的电视机音量降低，或让对衣料敏感的孩子穿棉质等较柔软的衣物。

（二）你的孩子乐意接纳新事物吗？若孩子对新事物（如：陌生环境、新玩具和从未吃过的食物）很抗拒，切忌强迫孩子立刻接纳陌生环境和事物，应逐步让他尝试。无须因噎废食而完全回避任何新环境和新事物。

（三）你的子女活跃吗？对于精力非常充沛，十分活跃的孩子，应提供机会让其发泄精力，同时尝试找出令孩子安静下来的方法，如音乐、书法、绘画、养小动物等。至于好静的孩子，应尊重及珍惜他们的性格，与子女一起阅读，让他静静地画图画。假如是男孩子，请不要一下子强迫他参与像空手道或者足球等剧烈运动，而应鼓励他慢慢尝试适量而有益健康的运动，例如到公园散步或者到海滩游泳。

(四)你的宝宝的生活节奏有规律吗？是否很难培养他定时睡眠、进食或大小便的习惯？他是否很难乖乖地坐下来吃一顿饭？你应协助他建立生活规律，逐步培养良好的饮食及生活习惯。不要命令他完成晚饭才准离开餐桌或强迫他进食，这只会令餐桌变成战场。

(五)你的孩子的情绪反应强烈吗？他对身边的事物是否有很大的反应(例如：说话声音很大及举止有点夸张)？他是否有非常极端的行为转变(例如：很易哭也很易被逗笑)？请体谅他的情绪反应比一般孩子来得强烈，他的行为表现很可能只反映他真正心情的七成。尝试找出能令他心情平复下来的方法，例如：容许他号哭一会，或是轻轻地搂抱着他。

(六)你的孩子的注意力如何？在砌积木、拼图时，孩子是否很容易感到沮丧及想半途而废？当孩子很轻易便对事情失去兴趣或存放弃心态时，家长应该协助他制订合理和可行的目标，令他能成功完成工作及从中产生满足感。例如让三四岁的幼童先尝试砌二十块以内的简单图案(如：动物)，不要让他一开始便拼一至两百块的复杂图案。此外，亦应对他多加鼓励，令他更有信心和毅力去完成工作。

(七)你的孩子的适应力如何？早上很不情愿起来，或者晚上要千方百计才能哄上床的小孩，一般是适应较慢。家长应让小孩预先知道当天的安排，使他能预早有心理准备去迎合生活规律，同时也要替他作出配合的安排。例如：早上提早半小时叫醒孩子，好让他起床后有足够时间准备上学。

以上的建议，旨在鼓励父母认识和配合孩子的天赋脾性。父母必须理解孩子的行为举止有时是受生理因素的影响，未必一定是因为孩子不听话或者故意与父母作对。这情况尤其适用于幼儿身上。

其次，父母的情绪亦往往影响了他们对孩子的照顾。愉快而满足的父母能够向孩子付出适当的爱心和关注，使他能得到充分的照顾。情绪抑郁的成年人不但心情不佳，对身边的人和事物亦不感兴趣，往往以负面的态度来应对，对孩子自是少付关心、疏于照顾。这个情况发生于患有产后抑郁症的母亲身上时特别令人关注。约十分之一的母亲在产后初期出现抑郁、发脾气的情况，甚至对初生的婴儿产生抗拒。此种情况一般相信是与荷尔蒙失调有关，亦多发生在与配偶关系冷淡的母亲身上。许多心理学的研究（Fied et al. 1985; Murray, 1992; Radke-Yarrow et al. 1985）显示，患有产后抑郁症的母亲与其幼儿的依恋关系多是焦虑回避型或者焦虑抗拒型，而孩子日后亦容易有抑郁或行为问题。故此，产后呈现抑郁状况的母亲必须及早寻求治疗和辅导，配偶及家人亦应向产妇多加关心和照料，令她早日康复，亦以免幼儿身心受损。

最后，以家庭系统角度来看，夫妻关系对亲子相处的影响不容忽视。父母之间的感情影响了夫妻俩在育儿上的合作。夫妻感情和谐的话，自是合作愉快、互相补足，能得心应手地为孩子提供适切敏锐的照顾。反之，夫妇感情恶劣的话，往往找孩子来出气，又或是把育儿责任推在其中一人身上，结果无法用心来观察和照顾孩子。美满的婚姻是家庭的基石，是育儿的最大后盾和支持点。正是："亲子关系好，夫妻关系好；夫妻关系好，亲子关系更好。"养儿育女是一项重任，需要有充足的物质和心灵资源才能好好应付。有时单是应付幼儿的日常饮食和起居，已令人疲于奔命。对母亲来说，丈夫的支援自是重要，其他身边的亲朋亦能提供不少实质上和心灵上的支持。现代社会多是核心小家庭，致使育儿的重担往往只由夫妇二人分担。传统三四代同堂大家庭有其好处，能为父母提供人力上的支援，婶母婆婆共同分担育儿的责任，尤其对育有多名子女的家庭帮助更大，好令父母能专心照顾幼儿。在现代典型核心家庭中，亲朋未必能直接在孩童照顾上提供协助，但他们起码可以扮演拉拉队的角色，为父母打气。一个关心问候的电话，一顿下午茶，对为照顾幼儿而疲于奔命的父母来说，是心灵的补品。

5. 小结

幼儿的情绪发展对日后的成长影响深远。鲍尔比和安斯沃思等心理学家的研究告诉我们：血浓于水的亲子关系是决定幼儿情绪发展的重要因素。能与父母建立安全依恋关系的幼儿对人对己都有积极的态度,而且勇于探索和学习。未能与父母建立安全依恋关系的幼儿则没有那么幸运了，他们的成长路将会坎坷得多。既然缺乏了对人对己的信心,这些孩子便很难与人相处得好,亦很难无顾虑地学习。父母若能够让孩子与他们建立良好的亲子关系，就是为孩子的成长路奠下成功的基石。

影响亲子依恋关系的因素众多。孩子本身的脾性,父母本身的性格和情绪，父母和子女两者之间的合拍等都是重要的因素。虽然因素众多,父母的角色是最重要的。与孩子建立良好的依恋关系如同与孩子共舞,两者合拍与否举足轻重。父母是成年人,是这一场舞蹈的领舞者。他们有责任了解孩子的需要,作出适应与配合。我们强调为父母者需要学习,其理由正在于此。当然,我们绝不鼓励父母终日诚惶诚恐,老是害怕自己做得不好,做得不够。要知道:父母的身心健康也是影响亲子关系的重要因素。父母终日神经兮兮地老是担心,孩子又怎会觉得安稳？学习是愉快不过的事,学习为人父母之道更是赏心悦目。有什么比扶掖和目睹子女成长更快乐?父母大可以视学习怎样教养孩子为快乐的事。快乐的父母会好好地照顾自己,让自己不断学习,不断更新。我们深信力求进步而且身心健康愉快的父母一定能培养出优秀的新一代。

儿童的个性与群性发展

中国人有一个说法:“三岁定八十”,认为小孩子三岁时的脾性是怎么样的,长大也就是差不多的样子。我们不同意人的性情在一生中固定不变,但我们却同意儿时的经验很影响一个人日后的性格发展。假如将“三岁定八十”这句话理解为“三岁时的生活经验对将来的个性与群性发展有莫大影响”,这句古老的谚语就有了现代心理学的意义。我们相信许多心理学家也会和我们一样,同意这样的新诠释。

一个孩子长大后会有自信吗?会乐观吗?会合群吗?会快乐吗?这都可能与儿时的经验息息相关。父母是儿时生活的主宰者,他们的教养之道最能左右孩子的经验,换句话说,就是最能左右孩子的个性与群性的发展。在这一章中,我们将探讨孩子在个性与群性发展中的重要关节,并且讨论父母能如何帮助孩子在这两方面发展得更好。

1. 个性的发展:自我概念与自尊感

孩子渐渐成长,开始走路、开始说话、开始思考,便会对自我有朦胧的概念。这些朦胧的概念随着年纪渐长,而逐渐清晰明确。到孩子三四岁入学时,他们大概已对自我有一定的看法。例如知道自己几岁、是男孩子还是女孩子、喜欢什么游戏等。待孩子上了小学,他们的自我概念

(self concept)会更丰富,所包含的不单是一些简单的外表特征或行为喜好,还包括较内在的性情和能力等。例如认为“自己内向害羞”、“语文能力比数学能力强”等。

孩子的自我概念会影响他们现在和将来的行为。因为它与自尊感(self esteem)息息相关,而自尊感又与孩子的心理健康有莫大关系。自我概念是一个人对自我的基本性格、特质和行为的看法。一个孩子的自我概念可能包括以下的内容:“我是一个高个子”、“我是一个男孩子”、“我打篮球很棒” 等等。自我概念和自尊感是两个不同但又十分相关的概念。自我概念的内容未必有评价的成分,只是对自我的认识。但自尊感则不然,自尊感一定包含了评价的成分,也就是有高低的价值取向。它是一个人对自我的基本性格、特质和行为的评价。例如人们一般喜欢长得高而很会打篮球的男孩子, 一个自觉长得高而又擅长打篮球的男孩子便会有较高的自尊感。自我概念其实不是一个单一概念,而是由许多在不同方面的自我概念组成的。它是一个复合体(Harter,1990)。自尊感亦复如是。例如一个孩子在体育运动上自觉是一个有实力的运动员,在这方面也就有较高的自尊感。但他可能在学业成绩上落后,于是在这方面有较低的自尊感。自尊感对一个人的心理健康至为重要。研究显示自尊感较低的人会有较多的情绪问题(Pillow,West,&Reich,1991;Rosenberg,1985;Wyie,1979)。他们较容易焦虑、抑郁、烦躁和愤怒,也较容易患有心身症(psychosomatic symptoms)。所谓心身症就是那些没有生理病变,而是由于心理障碍所产生的身体疾病,诸如失眠、没有胃口和头痛等。既然自尊感对一个人的心理健康这么重要, 很多教育工作者都鼓吹要提升孩子的自尊感。所用的技巧包括对孩子多赞美、少批评,让他们多成功、少失败等,好让他们自觉聪明、美丽、成功,以及感到受欢迎、受夸赞。

我们不反对提升孩子的自尊感, 但我们却觉得提升孩子的自尊感比不上提升孩子的自我效能感(self-efficacy)来得更有实效而且提升自尊感的技巧容易用得不得其法,产生反效果。北美近二十年来的自尊感运动便曾受到不少心理学家的批评(Dweck,1989)。试问作为父母,我们能对孩子只赞美、不批评吗?如果我们看见孩子的学习和品德出现了偏差,我们可以不提意见吗?此外,失败往往是学习过程中常见的现象,要完全杜绝,没有可能也没有必要。再者,让孩子老是觉得自己聪明、美丽、成功、受欢迎、受夸赞,也不见得对孩子的成长有很大好处。

与其提升孩子的自尊感,倒不如提升孩子的自我效能感。

2. 自尊感和自我效能感

自我效能感和自尊感是两个非常相类似的概念，以致不少人把它们混为一谈。但两者之间有微细但重要的分别,搞混了,不但帮不了孩子,反而会害了他们。

斯坦福大学的心理学家班图拉(Bandura,1993)认为,自我效能感对于人的努力与坚持有很大的影响。自我效能感是一种信念。当一个人相信某一些行为能达致他所渴求的目的，而他又确信自己能进行这些行为,这个人便有很高的自我效能感。自尊感只是对自我现时的评价,例如:“我是聪明的”、“我是美丽的”等等。其中并不包括相信有什么方法能让自己聪明一点，或美丽一点，也没有包括相信自己能掌握这些方法。举例说,有两个孩子对自己的学业成绩都有很高的自我评价,都认为自己是优秀学生,但一个相信自己成绩好是因为天资过人,而天资由天定,没有什么方法可以增减;但另一个则相信自己成绩好是不断努力的成果。这两个小孩对自己的学业成绩都有颇高的自尊感,但却有很不同的自我效能感。前者并不觉得有什么行为能达致成绩优异,他在这方面的自我效能感便很低。但后者却相信努力学习可以达致成绩优异,而努力学习又是自己可以掌握的行为，这个孩子在这方面的自我效能感便很高。两个孩子，同是自尊心强，但自我效能感却不一，他们的抗逆能力就很不同了。当两个孩子同时都遇上了困难，成绩下滑了。前者因为相信成绩由天资决定，很可能会认定自己已江郎才尽，灰心丧志。但后者却因为相信成绩由努力决定，认为只要自己肯努力，尽管今天解决不了难题，明天也可以克服。

我是我？

究竟孩子到了多大年纪，才对自我有朦胧的概念，知道自己是自己？小狗因为没有什么自我概念，当它在镜子里看见自己的影像时，便会以为那是别的小狗，因此会嗅嗅影像，会吠叫，还会跑到镜子背后寻找那一只小狗。不少一岁半以下的孩子也会有同样的反应。当他们看见镜子里自己的影像，也会以为是别的孩子。他们会摸摸镜中人，或尝试到镜子背后寻找这个"玩伴"。但孩子到了两岁左右，发展群性与个性的儿童大多不会有这样的表现。心理学家刘易斯和布鲁克斯根(Lewis&Brooks-Gunn,1979)曾做过一个有趣的实验：他们偷偷把一些一岁和两岁孩子的鼻尖涂红了，然后让他们照镜子。一岁左右的孩子，大多数不知道镜里的"红鼻子"就是自己，没有太大的反应。他们也许会拍拍镜子，也许会到镜子背后找这个红鼻子家伙。但两岁左右的孩子，大多数知道镜里的"红鼻子"就是自己，他们会显得惊讶、尴尬，有的会偷偷地笑，还会摸摸自己的鼻子。你家的孩子什么时候知道"自己就是自己"？家有一个一到两岁孩子的父母不妨试一试这个"红鼻子实验"。

光是提升孩子的自尊感，而没有提升他们的自我效能感，不一定能让孩子更好地成长。相信“自己现在了不得”与相信“只要自己肯用功便能做得到”是两个不同的信念。光是相信自己现在了不得,但却不相信可以透过一些自己可以掌握的途径让自己了不得,不见得是一件好事。哥伦比亚大学的心理学家穆勒和杜瓦克(Mueer & Dweck,1998)所做的一个实验最能说明这一点。她们找来一群小学生,让他们做一些拼字的游戏。最初她们让这些小学生做的都是非常浅易的题目,差不多所有孩子都做得很好,她们对一半的孩子说:“做得很好,你一定很聪明!”但对着另一半的孩子,她们则说:“做得很好,你一定很用功!”这两位心理学家有兴趣研究哪一种的称赞能让孩子明了自己要取得好成绩便须努力付出,和有利于他们建立自信。“你一定很聪明”和“你一定很用功”都是赞美,孩子的自尊感都会受到提升。但两者在这个实验里却有很不同的结果。穆勒和杜瓦克待孩子尝到成功的滋味和受到赞赏后,让孩子做较难的题目。大部分的孩子都做得不好,这次她们没说什么,只看看孩子在往后的表现。那些被称赞聪明的孩子在遇到挫折后,显得很没自信,不愿意选择较难但可以学到更多东西的题目,而且成绩也较差;但那些被称赞很用功的孩子却在遇到挫折后,并没有失掉自信,他们乐于选择较难的题目,而且成绩也较好。为什么会有这样的分别呢?答案在于自我效能感而非自尊感。

被称赞聪明和被称赞很用功,同样可以提升自尊感,但前者着眼于对孩子现时智能的评价。每当人们想到一个人是否聪明,总会联想到天分和资质,很少会想到有什么途径可以提升一个人的聪明才智。称赞一个人聪明只是对现时智能的评价,不涉及有没有某一些行为能达致聪明及他能否进行这些行为。因此称赞孩子聪明可以提升他对自己智能的自尊感,但无助于提升他在这方面的自我效能感。与此相反,称赞孩子用功,则可以提升他的自我效能感。让孩子相信做拼字做得好,是因为用功,那就是让孩子相信自己可以掌握某些行为(用功),而这些行为能达致他渴求的目的(成功地完成拼字)。当遇上失败或挫折时,被称赞很用功的孩子会有较强的自我效能感,他们会相信"今次不行,不打紧,只要我肯努力,下次便有机会成功"。因为决定成败的是用功,而用功又是他们能控制的。但被称赞聪明的孩子则不然,因为着眼点在于对自己现时智能的评价,没有想到自己拥有怎样的途径能让自己成功,因此在碰上失败或挫折时便骤失信心,以为自己不够聪明,于是不敢接受新的挑战,而且也会影响之后的表现。

提升自尊感与提升自我效能,我们宁取后者。让孩子相信自己可以掌握途径以达致目标远胜于让他们相信自己现在非常棒。

3. 怎样提升孩子的自我效能感?

既然自我效能感这样重要 ,怎样才可以提升孩子的自我效能感?班图拉 (Bandura, 1986)列举了一些影响孩子自我效能感的因素。其中两个对家长特别有意义:第一是让孩子有成功的经验(mastery experience),第二是给孩子鼓励与支持。

我们不同意将孩子放在温室内,只让他享受成功,不容他经历失败。疑惑、困难、坚持、成功都是学习历程不可或缺的一部分。我们不可能只许孩子成功,不许孩子失败。失败不打紧,重要的是孩子知道自己有方法让今天的失败变成明天的成功。这就是自我效能感的精粹。要让孩子有这种信念,就得让孩子感到自己"能"。这个"我能"的信念来自过往经过努力后的成功经验。当孩子有足够的克服困难的成功经验,他们便相信自己"能"。

3.1 成功的经验

我们能让孩子透过努力而体验成功吗?能!无论孩子有多笨,都可以有掌握新知识、新能力的感觉,能克服以前做不了的难题,尝到成功的滋味。这句话也可以倒过来说，无论孩子有多聪明，我们也能让他体验失败，觉得自己无法掌握新知识、新能力，无法克服眼前的难题。关键在于我们如何安排学习的活动。

心理学家塞利格曼和梅尔(Seigman & Maier,1967)在三十多年前进行过这样的实验:他们把通电器缚在一些健康活泼的狗的后腿上。当通电器通电，狗便被电击。但如果那些狗能用头来按动挂在颈上的按钮，就能中止通电。然而，在这个实验中，并不是所有的狗都这么幸运。有一半的狗，无论它们怎样触动按钮，都不能中止电击，只能拼死忍受。塞利格曼和梅尔发现这些无法逃避电击的狗渐渐变得消极被动，即使后来将他们放在一个可以轻易逃避电击的新环境中，他们也不会尝试逃跑，任由电击折磨。但那些先前能透过触动按钮逃避电击的狗，很快就在新环境中学会逃生。这个实验的结果颇令人瞩目。塞利格曼和梅尔运用不断失败的经验将一些健康活泼的狗训练成绝望无助的狗。这些狗一点自我效能感都没有。它们不相信自己可以进行某一些行为，以达致它们所渴求的目的——不受电击。

假如孩子无论怎么用功，都一样失败，他就会觉得挣扎没有用，因为成功失败不在他的控制之内。既然注定了失败，那又何苦用功？当自我效能感泯灭时，剩下的，只是灰心丧志、自暴自弃。要孩子在努力后经验成功，并非让孩子做最容易的事，而是要安排难度适中的活动。如果学习活动太易，孩子不用努力也轻易成功，孩子会觉得用不用功都不会影响结果。再者，学习活动太易的话，孩子学不了东西，虚假的成功不能让孩子感到掌握了新知识、新能力。要孩子经历增长知识、增长能力的成功经验，学习活动的难度不能太难也不能太易。最合适的活动要高于他现时的水平，但又必须是他在旁人指点下及自己努力之后，就可以达成的水平。为孩子设计合适程度的学习活动正吻合俄国心理学家维果斯基（LevVygotsky,1978）所倡导的一个概念:“近距发展区域”(zone of proxima development)。所谓“近距发展区域”就是指孩子未达到但在父母师长的辅助下,经过努力后便能达到的水平。只有在“近距发展区域”内才会有真正的学习。太浅易的东西,孩子早就懂了,无须别人教导或自己努力已经掌握得到,那当然不是学习。太难的东西,任凭别人怎么教、自己怎么学也是无法掌握的,那当然也不是学习。要孩子获得努力后的成功经验,我们便要把学习活动安排在他的“近距发展区域”内。

学习就如同登楼梯,要拾级而上,不能一步就跨上楼梯顶。现实生活中的楼梯,每一级的高度固定,但学习中的梯级,却没有固定的高度。有时可以高一点,有时可以矮一点,要视乎学生的能力和水平。当发现孩子无法学会某一事物时,我们便要调校梯级的高度,因为那学习项目

近距发展区域的概念

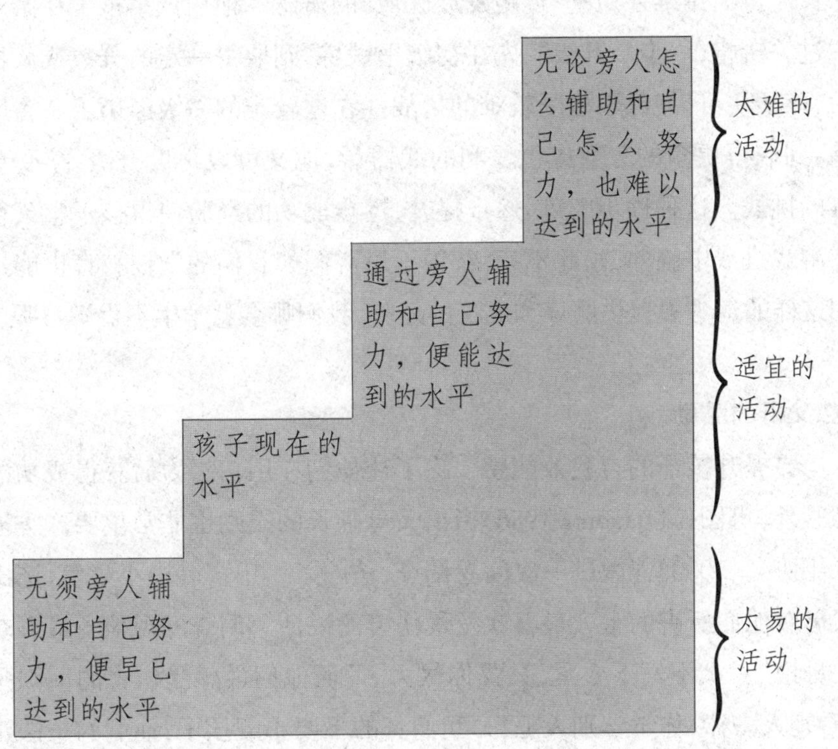

很可能已在他的“近距发展区域”以外。把梯级的高度调矮一点，就是把原先困难的学习项目分拆，由孩子能掌握的开始，逐步加深。假如我们肯让孩子拾级而上，哪个孩子会失败？即使是智障的孩子，也一样能看见自己能力的增长，一样能感受到成功的喜悦。本书作者之一在特殊学校工作时，便看见过许多智障的孩子学会新技能和新知识。哪怕是小如绑鞋带，昨天不懂，今天学会了，这也是一种经克服困难才尝到成功的滋味。

网上游戏和电子游戏之所以风靡小孩和青少年，其中一个原因就是设计者懂得运用“近距发展区域”的概念，既增加了孩子的自我效能感，又激发了他们继续完成下去的动力。电子游戏的软件开发者未必念过教育心理学，也不会认识维果斯基是何许人也，但他们比许多老师和家长懂得运用维果斯基“近距发展区域”的概念。他们让小孩子在游戏中过关斩将，一步步升级。先在初级里锻炼，到取得一定的分数或武器后，孩子便可以升级，接受较难的挑战。在这较难的一级经历了一番磨炼，到取得更多的分数或更犀利的武器后，他又可以再度升级，接受更难的挑战。这种逐步磨炼、逐步提升、逐步成功的经验使得孩子整天待在游戏机或电脑前，乐此不疲，茶饭不思。假如我们的学校教育也能运用这样的道理去提供磨炼和成功的经验，我们哪会愁学生不肯学习呢？

3.2 父母的鼓励

要提升孩子的自我效能感，除了让他们在用功努力后获得成功的经验外，班图拉（Bandura,1986）指出父母师长的鼓励也非常重要。香港青年协会（2000）曾做过一次问卷调查，访问了一千多名中小学生，选出父母对他们所讲的十大最喜欢及最伤害的说话。调查发现孩子最喜欢父母说“考试不好不要紧，只要你尽力。”而他们最感受伤害的话则是“看别人多棒，你学学别人吧！”我们真的不要小觑孩子，他们的想法跟心理学家如出一辙。鼓励支持何其重要，孩子们在问卷调查中，如实地说出了心底话。学习过程中，总免不了会遇上疑惑、困难和挫折的时候，父母如果能包容体谅，鼓励孩子继续努力和坚持，孩子便会有“我能”的感觉。

父母鼓励孩子时要注意两点，第一是切忌用 “将勤补拙”为理由；第二是除了鼓励用功外，更要和他们参详策略和技巧，提议具体的改进方法。刚才我们谈过心理学家穆勒和杜瓦克(Mueer & Dweck, 1998)所做的一个实验，说明赞赏孩子“用功”比赞赏孩子“聪明”有更多的好处，孩子会有更高的效能感，在遇上挫折会表现出较大的坚韧力。但是赞赏孩子“用功”的好处必须有一个条件：孩子相信努力和聪明之间有一个正面的关系，即一个人越努力便会越聪明。人们都相信教育的作用，都同意一个人的聪明才智有很大部分是由后天的教育和经验所决定的。那就是说一个人越努力学习，就越有才能，而努力和聪明之间有一个正面的关系。但是人们也同时相信人的智愚由天定。同一件事情，一个聪明人不费吹灰之力便办得到，但一个愚笨的人却要费九牛二虎之力才能完成。所谓“将勤补拙”就是说聪明和努力之间有一种负面的关系：越聪明的人越不需努力，越愚笨的人却要越努力。本书其中一位作者所指导的一位研究赞赏对孩子学习动机影响的研究生(Yim, 2002)发现，赞赏孩子 “用功”不一定能让孩子更有动力。这要视乎孩子相信努力和聪明之间有怎样的关系。当孩子相信越努力便表示一个人越不聪明时，赞赏他们用功便成了侮辱。但反过来说，当孩子相信越努力便表示一个人会越聪明时，赞赏他们用功便会激发他们更积极进取。

不少中国人相信“将勤补拙”是美德，教子时也会以此作为激励。但殊不知道孩子很会心理上的运算，当他们相信笨人才需要多用功时，为保颜面，他们会来个干脆不用功。他们心忖：“假如我用功了，成绩好的话也不过赢得‘将勤补拙’的所谓‘称赞’，成绩不好的话更会遭人讥讽为‘人蠢无药可救’；但假如我不用功，成绩不好便可解释为没有用功之故，与我的智能无关，万一成绩好的话更是可以炫耀自己天资过人，不用努力也一样获得好成绩。”孩子为了保全颜面而刻意不用功，这种做法心理学家（Midgey & Urdan,1995）称之为自我贬抑策略。当孩子习惯了使用自我贬抑策略，他们就再也学不到东西了。父母鼓励孩子用功的同时，切忌把“将勤补拙”的信息一并附上。我们要让孩子知道努力和聪明之间有一个正面关系，越肯用功的孩子才会越聪、越能干。

除了要让孩子相信肯用功，他们会变得更聪明和更能干外，父母在鼓励孩子用功的同时，也要有具体的建议和指导。孩子成绩不如理想，便要和他一同寻找改善的方法。用功也得有方向和有策略。是不是时间运用错了？是不是以前学的概念不稳固所以新的东西无法掌握？是不是理解题目上出了错误？当父母能耐心地和孩子参详各种改善的方案，孩子便更有动力向前冲。即使遇上了挫折困难，也知道自己“能”。

4.群性的发展：交朋结友

以上讨论的自我概念、自尊感、自我效能感都与孩子的个性发展息息相关，其焦点在“我”。但人类是群居的动物，孩子的群性发展也是非常重要的。以下的讨论将以孩子的群性发展为核心，而焦点则在“人际间”的交往。

4.1 在游戏中学习与人相处

当孩子离开了襁褓，开始上幼儿园，所接触的陌生人越来越多，其中最多的是同龄的玩伴。到了孩子进了小学，与同龄孩子一起的时间可能占据了他们醒着时间的百分之四十（Hi & Stafford,1980）。孩子在一起的时候做些什么呢？可能是一起上课学习，但能使他们主动地聚在一起的，极可能是无所事事，或者是成年人眼中的“儿戏”。在孩子的世界里，

"儿戏"是头等大事,不亚于成年人日夜追求的事业。孩子非常重视和同龄孩子的游戏。禁止一个孩子游戏,等同于开除一个成年人,叫他失业一样。中国人的传统思想里认为"勤有功,戏无益"。鲁迅写了一篇著名的散文《风筝》,记录了年少时因为深信"勤有功,戏无益",亲手撕毁了弟弟苦心经营、偷偷制作的风筝。及后年长,看了儿童心理学的书,他才知道游戏对儿童成长有重要的贡献。可惜为时已晚,追悔莫及,他和他的弟弟都再不是小孩,无法重拾儿时的欢乐。今天的父母大不必要重蹈鲁迅的覆辙。我们得承认游戏有助孩子的个性与群性发展。

幼儿的游戏不少是幻想性的角色扮演,如扮妈妈、老师、警员等。他们在假想的情况下自由地从事自己向往的活动。游戏不受现实条件限制,孩子就算不会开车,还是能当上汽车司机。在游戏中,孩子除了可以充分展开想象的翅膀,还可以真切地体验成人生活的一些感情,学会从别人的角度和位置看事物和想问题。幼儿通常都以自我为中心,不懂得从别人的角度看问题。这不是因为幼儿自私或不顺从听话,而是因为他们的知性发展未成熟,未能转换位置思考问题。角色扮演的游戏可以帮助孩子发展这方面的知性发展,让他们脱离以自我为中心的思考方法,学会从多角度、多方位看事物和想问题。这些能力是孩子社交技巧的重要组成部分,对日后与人沟通和建立关系起着重要的作用。

与别人沟通良好,人们需要不断地利用各种线索,评估对方对沟通内容的了解和接纳,然后作出适当的调整和配合。假如一个人无法从别人的角度看问题,也就无法猜测别人能否了解自己说话的内容。出色的演说家思考问题时,都能善于易地而处。他们能从听众的角度检察自己演讲的内容、结构、用语和技巧。在他们的脑海里,经常盘旋这样的问题:这些听众对我讲解的内容有兴趣吗?他们有怎样的教育水平和生活背景?他们会明白较深奥的词语吗?援引怎样的例子才切合他们的经历?说什么笑话最能触动他们的神经?要准确回答这些问题,演说的人必须懂得易地而处，从听众的角度看问题。游戏中的角色扮演正是可以让孩子学习从别人的角度看问题。

除了协助孩子脱离以自我为中心的思考模式，游戏还有另一个好处：就是让孩子学会规矩。游戏中的规矩不同于校规家规。这些规矩不是成年人订下来，颁令他们遵守的。游戏中的规矩都是孩子们在平等的基础上，按公正和互利的原则而共同订立的。学会订立和遵守规矩，对孩子来说非常重要，是为长大后的生活作准备。在订立和遵守游戏规则的过程中，孩子练习如何平衡自己的欲望和大众的诉求，学会同时尊重别人和自己的权利。

瑞士的儿童心理学家皮亚杰（Piaget,1932/1965）在日内瓦的街头观察不同年龄的男孩玩玻璃弹子的游戏，他发现随着孩子的年龄增长，孩子越来越会懂得尊重和运用游戏规则。在共同订立的规则中，他们知道弹子到了哪一条线才算赢、怎样掷弹子才不算犯规、赢了该拿多少颗弹子等等。皮亚杰认为懂得尊重和运用游戏规则有助孩子发展道德的认知和理解能力，因为所有道德都包含规则体系。没有了规则，也就无所谓道德了。一两岁的孩子不懂玻璃弹子的游戏规则，看见喜欢的弹子，便伸手去拿，拿不到便哭闹。但年长一点的孩子懂得游戏规则，知道怎样去赢取弹子，也知道应该保障自己和他人的权利。有了这样的觉醒，道德观也就慢慢形成了。游戏的功用可谓不浅。也许是时候该把“勤有功，戏无益”这句话改成“勤有功，戏有益”了。

4.2 受欢迎的孩子和不受欢迎的孩子

我们观察孩子们游戏，很容易便察觉有些孩子特别受欢迎，有些却特别不受欢迎。我们都希望自己的孩子不是那些受排挤和孤立的不受欢迎分子。究竟受欢迎的孩子有怎样的特征？不受欢迎的孩子又有怎样的特征？我们可以让不受欢迎的孩子变成受欢迎的孩子吗？成长心理学家在研究这些问题时，运用了很多方法。其中一个方法是透过互选的程序，找出谁是最受欢迎的孩子，谁是最不受欢迎的孩子，然后再透过观察，找出这些孩子的特征。

成长心理学家阿舍和道奇（Asher & Dodge, 1986）让一班孩子透过互相提名的方法，各自选出自己最喜欢的同伴，也选出自己最不喜欢的同伴。凭着这样的各自互选程序，阿舍和道奇知道谁是最受欢迎的孩子。这些孩子有许多朋友，班中不少孩子都表示最喜欢和他们交朋友。至于不受欢迎的孩子则有三种类型：第一类遭其他孩子排斥，班中不少孩子都表示最不喜欢和他们交朋友，似乎他们树敌很多。第二类则遭其他孩子忽视，班中孩子既没有表示喜欢和他们交朋友，也没有表示不喜欢他们；他们就是没有什么敌人，但也没有什么朋友，孤零零的被搁在一旁。第三类则最具争议性，他们既受到一些孩子选为最受欢迎的人物，但也被另一些孩子选为最不受欢迎的人物。

究竟受欢迎、受排斥、受忽视和受争议的孩子有什么特征呢？为了研究这个问题，道奇（Dodge, 1983）为一群小学四年级的男生办了一个为期八周的游戏小组。这些男孩每星期聚面一次，道奇把他们游戏时的情景摄录下来，小心分析。他发现那些受欢迎的男孩通常长得可爱，外表吸引人。无可否认，长得帅会占点便宜，受人欢迎。但光是外表吸引人也不一定受欢迎。受欢迎的孩子还要有“内在美”。他们有明显的亲社会行为（prosocia behaviors）。所谓“亲社会行为”就是那些合群的友善行为，如乐于助人、愿意合作、肯关怀其他人等。道奇发现这些孩子会主动提醒其他同伴要注意的事项；会在大家感到困难和无所适从的时候提出建议；而且没有攻击性，很少伤害他人。那些受排斥的孩子则刚好相反，他们多言、霸气，而且具攻击性。有什么不顺意，就动口骂人或动手打人。他们的社交技巧很弱，不容易理解他人的感受，也不容易控制自己的情绪。他们每每将别人的行为看成是有恶意的。为了先发制人，他们便往往先伤害别人。有这样的表现，也难怪其他孩子不愿意和他们交朋友。受忽视的孩子没有受排斥的孩子那么具攻击性，他们当中有不少是害羞的孩子。一般而言，他们的社交技巧虽不至于像受排斥孩子的那样差，但整体而言，还是急需改善。受争议的孩子有时比受排斥的孩子更具攻击性，但他们以较强智能和社交技巧吸引了一些追随者。

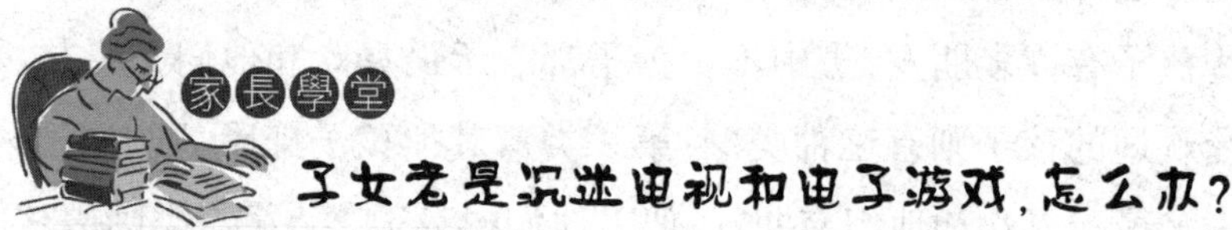

子女老是沉迷电视和电子游戏，怎么办？

香港的一个提供青少年服务的志愿团体在1999年就儿童喜欢的游戏进行了一次问卷调查，访问了六百多名小学生（智乐儿童游乐场协会，1999）。结果发现，有八成的小学生填写“看电视”为最喜欢的娱乐，平均每天看三小时电视。而每天看电视多达5~9小时的竟有两成。第二受欢迎的娱乐活动是“玩电子游戏机”，填写此答案的小学生达77%。看电视和玩电子游戏机都是一些很个人化的消遣活动，很少与别人有什么交流和互动。这些单独个人参与的游戏，可以刺激感官和训练手眼协调，但对学习与群体共处，以及培养丰富想象力和创作力则无甚帮助。调查同时显示：在小学生心目中，喜欢玩的游戏活动或喜欢去的游戏地点，往往都无法实现。有50%的受访小学生表示渴望参与如捉迷藏等群体活动，但实际上只有少于7%的受访者答经常可以玩。此外，也有50%的受访小学生表示最喜欢到游乐场或公园玩耍，但实际上只有12%的受访者表示可以在星期天如愿以偿。

你的孩子参与怎样的消遣？他们会沉迷电视、电子游戏吗？要孩子多参与有益的游戏，少在电视和电子游戏上消磨时间，父母可以尝试以下的方法：

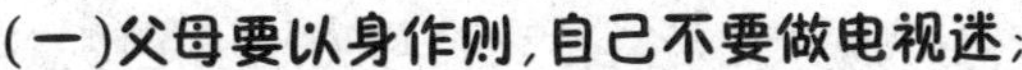

(一)父母要以身作则,自己不要做电视迷;

(二)安排多一些创造性的玩具给孩子,不要老是应孩子的要求买电子游戏的机器或光盘;

(三)让孩子与同龄的孩子游戏,鼓励他们玩一些传统但可以促进社交能力和想象能力的游戏,例如:一同玩组合积木、家家酒、扮警员和老师等;

(四)争取时间带子女到郊外去,和孩子一同享受大自然。

我们可以让孩子变得更受欢迎吗?其实孩子待人接物的态度大多数是从家庭里学来的。不少心理学家都发现家庭关系能直接影响孩子的受欢迎程度(Dishion, Duncan, Eddy, Fagot, & Fetrow, 1994)。那些常在家中受责打的孩子,倾向用暴力解决问题,对同伴也较具攻击性。父母是孩子的第一个老师,也是一生中最重要的老师,父母怎样处理人际关系,孩子也就"有样学样"。

5. 社交才能与情绪智能

在孩子的群性发展中,社交才能与情绪智能是两个重要的组成部分。受欢迎的孩子都有较强的社交才能与情绪智能。我们希望孩子有健全的群性发展,便要探究怎样提升孩子的社交才能和情绪智能。

5.1 社交才能

不同的心理学门派对社交才能有不同的理解。香港的几位心理学者(赵志裕等,1998)综合了前人的见解,认为社交才能包含三个部分:

(一)具社交技巧　社交才能高的人能从别人的面部表情和行为,辨识对方的内心感受和想法。能鉴貌辨色之余,他们还有比较熟练的沟通技巧,能有效而准确地表达自己的思想和感情。

（二）能进行合宜的社交行为　光是具社交技巧还是不足够。如果将技巧用在不适当的情况下，也是徒然。赵志裕等（1998）举了历史上的一个著名例子，很能说明这一点。杨修很会鉴貌辨色，对主公曹操的内心感受和想法了如指掌。曹操在门上题一“活”字，他就知曹操想把门改阔；曹操下军令说“鸡肋”，他就知道曹操觉得那一场战事“食之无肉，弃之可惜”。如果论聪明才智和社交技巧，杨修是很到家的。可惜他却错用了这些才能。曹操善妒多疑，杨修猜透了他的心事，让他感到威胁。于是他找借口把杨修杀了。运用社交技巧竟用得不分对象，不分场合，甚至招来杀身之祸，实在是弄巧反拙！

（三）懂得运用社交策略以达致目标　社交能力包括能达致社交目标的能力。这种能力是以目标为本的。社交技巧高的人，能用适当的社交行为，在特定的社交场合中取得他们预期的效果。他们懂得订定目标、计划行为、检察与对方的沟通情况，并且评估达标的进度。

概括而言，社交才能就是一种懂得审时度势，在适合的情况下，灵活运用适合儿童的个性与群性发展的社交技巧，以达致社交目标的能力。

怎样才可以提升孩子的社交才能？因为社交才能是一个复合体，要提升便要对所有三个组成部分下工夫。许多为孩子提供社交才能训练的课程，都只集中训练社交技能，对于其余两个组成部分甚少理会。其实光有社交技巧而不懂得审时度势，在适合的情况下，去灵活运用这些技巧以达致社交目标，那也不能算是有社交才能。

要让孩子发展社交才能，父母便要提供有利的环境和机会。有利的环境必然包括一个成年人以身作则的生活空间。父母和师长有社交技巧吗？懂得因时制宜，审时度势，灵活运用这些技巧以达成社交目标吗？我们目睹不少父母在督促孩子温习功课的过程中，因为动气而只运用了强权，忘却了运用社交才能。身边的成年人是孩子的学习榜样，成人怎么对待他们,他们也就怎么对待身边的人,包括其父母和师长。

有利发展社交才能的环境，还包括一个能够与其他孩子共同学习和游戏的成长空间。游戏的好处,我们刚才谈过了,不再赘述。我们现在集中讨论共同习的好处。近年来,不少教育心理学家（Johnson, Johnson, & Houbec, 1993; Kagan, 1994; Savin, 1995)鼓吹协作学习法,认为孩子在小组中与别人合作可以学得更多、更好。他们的见解不无道理。华人社会的教育制度竞争剧烈，许多老师和家长都深信“有竞争才有进步”。但我们却认为在现今的社会,越是有竞争力的人其实越是懂得协作的人。协作和竞争力之间有非常微妙的关系。环顾今天的知识型经济体系，单靠个人的能力已不能完全拥有所有的资讯或单独完成一项任务,很多工作环境都讲求人与人的合作。我们的下一代若要有竞争力,免被新社会淘汰,他们就要有社交才能,懂得协作。

5.2 情绪智能

除了社交才能外，另一个与孩子群性发展息息相关的能力是情绪智能(emotiona intelligence)。情绪不稳定的人难以相处,较少人愿意和他们交往。情绪智能影响人际关系,而且可能比传统的智能更能够预测个人成就,因为一个人能驾驭情绪,他待人处事便更有把握。情绪智能一词流行自 1995 年,那一年心理学家戈尔曼(Goleman,1995)出版了一本非常畅销的普及心理学书籍《情绪智能》。情绪智能一词因而大热起来,坊间有不少教育中心和补习社都以提供情绪智能的课程招徕学生。其实情绪智能究竟是什么?为什么有这样的魅力?根据耶鲁大学的两位心理学家迈耶和萨罗维(Mayer & Salovey,1997)所言,情绪智能有四个组成部分:

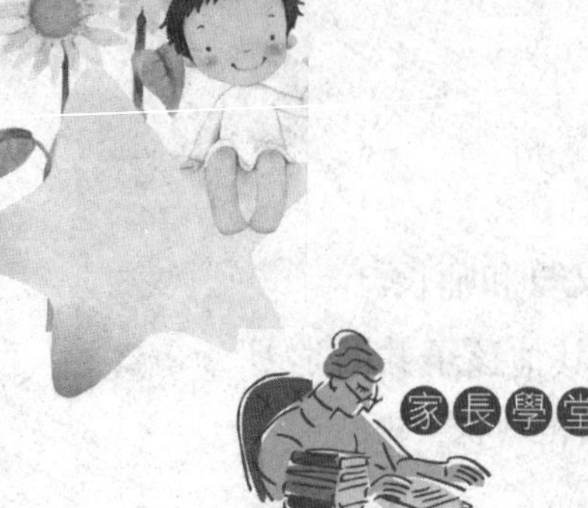

家長學堂

孩子害羞怎么办？

七岁的敏华在家里的时候，和其他的小朋友没两样，她活泼好奇，遇上不明白的事情，总是向妈妈问个不停。但她在学校、亲戚或朋友家里则判若两人。她总是瑟缩在一角，不敢与人说话，有时甚至不敢直视别人，两眼老是盯在地板上。即使对方不是陌生人，而是每天上学都能看见的老师，她的表现也不例外。她的害羞表现不但妨碍她与其他小朋友游戏，也妨碍学习。遇上感兴趣的事情，尽管她很想发问，却始终不敢举手问老师。如果家中的小孩像敏华一样害羞，怎么办？斯坦福大学的教授辛巴度(Zimbardo,1977)因为自己也是个害羞的人，因此他对这个问题特别有兴趣。根据他的研究所得，帮助害羞的小孩不外乎三个方向：(一)分析害羞的原因；(二)建立自尊感；(三)改善社交技巧。

分析孩子害羞的原因，很可能是因为害怕别人拒绝自己，担心别人对自己有负面的评价；缺乏自信和社交技巧等。要解决问题，只能对症下药，于是我们要因应孩子害羞的原因而进行辅导。当孩子担心别人对自己有负面评价时，我们便要让孩子知道(一)别人不一定对她有负面的评价；(二)即使别人真的对她有负面评价，也不是什么灾难。今天她不懂回答老师的提问，不表示她明天也不懂。如果孩子把焦点放在改进的角度去看问题，她就不会太介意现时别人对自己的评价。负面的评价有什么可怕呢？如果孩子有很强的自我效能感，相信自己能改进，而且着眼点在自我改进上，哪怕什么负面评价呢？如果孩子一心力求进步，别人的意见和批评正好协助其改进，正是求之不得。当孩子将焦点放在

进步而不在于评价上，而且相信自己能改进，孩子的自我效能感必然会让本身有较强的自尊感，面对陌生人可能的拒绝或批评，也就能处之泰然了。

要克服害羞心理除了要有端正的态度和自尊感外，也要有良好的社交技巧。家长可以运用鼓励和示范来培养孩子的社交技巧，也可以让孩子多参与群体的活动，让孩子在平等互助的同伴关系中学会与人交往。

（一）能准确地察觉、判别、评估及表达情绪 具情绪智能的人能够透过他人的语言、神态、行为、身体反应而准确地辨别他人的情绪，而且也能准确地察觉和表达自己的情绪和有关的感受。

（二）能有效地运用情绪来辅助思考 情绪会影响思考。但这不一定是一件坏事。如果运用得恰当，可以辅助思考。比方说，考试前有适度的紧张感觉，可以激发一个人集中精神去努力应付。运用情绪来辅助思考的能力包括：能观察自己的情绪从而鉴别什么事情要先办或小心去办；利用低沉的情绪使自己思索问题时较谨慎；利用较高昂的情绪让自己较进取和勇于尝试。

（三）能了解和分析情绪，并运用有关的资料 在察觉和判别自己和他人的情绪后，情绪智能高的人能够了解和分析这些资料，并运用这些资料完成任务，达到目标。比方说，在不适当的时候大发雷霆，既误了事，又开罪了他人。但假如愤怒用得适宜，也未尝不是一股摧枯拉朽的革新动力，促使自己和他人改变处事方法，完成任务。

（四）能调节自己的情绪 情绪主要由外界事物或遭遇所引发。但不同的人对同样的事物或遭遇会有很不一样的反应。有些人反应很大，情绪波动激烈，不能集中精神应付生活上的问题，有完全受外物驾驭的无助感觉。但有些人却能调节自己的情绪，受到挫败打击，仍能沉着坚持。后者正是具情绪智能的人。

调节自己情绪的方法众多,我们不能在此一一介绍。但其中一个较为通行的方法是改变自己对外界事物或遭遇的看法。考试失败是一件许多孩子都不愿意经历的遭遇。但不幸发生了，孩子可以有怎样的反应?嚎啕大哭、灰心丧志都无补于事,只有虚心检讨、努力坚持学习才能避免下一次重蹈覆辙。为什么有的孩子会灰心丧志,而有的孩子能努力坚持学习?关键在于孩子对考试失败的看法。我们在本章的前半部分谈自我效能感时,提及有的孩子把成绩优异看成是天资聪敏的结果,于是一旦遇上了考试不及格,便觉得自己江郎才尽,命该如此。但有的孩子把成绩优异看成是努力学习的结果,于是尽管碰上了考试不及格,只会觉得自己未尽全力,应该深刻反省,加倍努力。

原来情绪虽然由外界事物或遭遇所引发,但其方向和强度如何,要视乎人们对这些外界事物或遭遇的诠释或看法。能掌握较健康想法或信念的人,便能更有效地调节自己的情绪。针对学业上的问题,我们将在本书第七章〈儿童及青少年的学习〉中介绍更多有利于孩子调控或驾驭情绪的信念。

6. 小结

个性和群性发展是成长的两大主线。我们希望下一代有圆熟的自我,也希望他们能合群。在这一章里,我们讨论了自我概念、自尊感、自我效能感、社交才能和情绪智能。这些概念都与孩子的个性和群性发展有莫大的关系。父母若能明白这些概念的内容，并且理解其发展的因素,便可以为自己的孩子预备有利的环境,让他们在个性和群性上有健康的发展。“三岁定八十”,愿广大父母能让自己的孩子更好地成长。

可以教抑郁的孩子乐观起来吗？

孩子产生悲观和抑郁，其实有许多原因，有些是外在的，如：不幸的遭遇；有些则是内在的，如：自己钻牛角尖，越想越糊涂，使自己坐困愁城。其中一个常见的糊涂思想是负面的归因模式(attribution pattern)。人类是一种爱问为什么的动物。事情发生了，我们总爱问是什么原因导致事情发生的。为事件找寻原因就是归因。比方说，两个孩子都希望入选学校的足球队，但同样失败了。第一个孩子归咎于自己没用，天生缺乏足球细胞，于是灰心、难过、消极、自责；第二个孩子却归咎于自己准备不足，于是积极备战，希望下一次选拔校队时，能被录取。这两个孩子有不同的归因模式，于是就有不同的情绪反应。原来归因模式与孩子的情绪反应以至行为结果都有直接的关系(Seligman，1992)。

人们对事件所归咎的原因大概可以分为内在的、外在的；可变的、不可变的；整体的、个别的。把自己的画作不受赞赏看成是因为自己缺乏艺术细胞，是把原因归咎于个人内在的因素上；而相信是因为老师太挑剔，便是把原因归咎于外在的因素上。相信是因为自己天生不擅画画，是把原因归结在不可变的因素上，而相信是因为自己这一次没有做足功夫，便是把原因归咎于可变的因素上。相信是因为自己无用，是把原因归咎于整体的因素上，即是否定自己整个人，不独是批评个别行为。而相信是因为自己这一次准备不足，便是把原因归咎于个别的因素上，即是只针对自己这一次个别的行为，不对自己作整体的否定。把失败归因于内在、不可变和整体的因素，会令人灰心丧志。因为既然是内在于自己，无法改变，而且不是个别事件，当事人还能做些什么呢？剩下的只能绝望无助，伤心抑郁。

我们希望孩子能乐观积极，在他们遇上困难或挫折时，便要引导他们把事情归咎于他们能控制的、可改变的和个别具体的原因上（例如：努力和准备方面），使他们积极进取。

第三编

正直自主的孩子

孩子到了青少年期，容易有反叛的行为。他们开始摸索自己的身份，争取独立自主，扩大朋友圈子，对父母不再唯唯诺诺。此时，父母最担心的是孩子学坏。孩子一天一天长大，不再整天依偎在父母身旁，他们会有自己的天地，最终会长大成人。但他们长大后，真的能够成为能圆熟自我、明辨是非的正直善良的人吗？本编正是要讨论这些问题。这部分包含两个章节："青少年的成长"和"品德的培育"。前者讨论子女在青少年期所遇上的问题和成长上的需要，后者讨论了父母应如何培养子女正面的价值观和良好的行为，让他们成为正直善良的人。希望这两个章节能让父母多理解青少年的成长需要，也多认识道德培养的问题。

青少年的成长

人在不同的人生阶段有不同的责任和需要，我们的子女当然并不例外。孩子一天一天长大起来，他们面对的事情比小时候多了，生理和心理上的需要也比从前复杂。在不同的成长阶段，孩子有不同的特性和需要，父母的管教之道便不得不因而转变，以作适应。

在这一章里，我们将讨论子女在青少年期的特性和需要，并且讨论父母可以怎样配合，让子女更好地成长。

1. 暴风雨时期与身份危机

美国早年有一位心理学家霍尔（Hall, 1904），把青少年期形容为人生的暴风雨时期。他认为这个时期，孩子在短短数年间蜕变为“小成人”。他们无论在身体、思想、情绪上都面临重大的转变。这些转变来如急风骤雨，不但使孩子措手不及，连在他们身旁的父母也感适应困难。近年来，不少心理学家质疑霍尔的形容太夸张和太负面了（Fedman & Elliot, 1990）。对许多青少年人来说，这个时期不一定大雷大雨，而且大部分的青少年都能安然度过，茁壮成长。平心而论，我们觉得两种看法都有一定的道理。青少年时期是一个转变急速的时期，适应不一定容易。但也不能说这就是一个乌天黑地的暴风雨时期。只要处理得好，这个时期对孩子和父母来说，也可以是风和日丽的好时光。

人的一生之中，会遇上无数的转变。不同的人生阶段就有不同的境况，我们便要作出相应的转变以求适应。即使是父母本身，虽已成年，但随着年龄日增，所面对的生活要求也会有所不同，也要作出适应。青少年期的转变和适应只是幅度较大、步伐较急而已。从这个角度去看，所有人也要因应人生的发展阶段而作出调整和适应。只不过青少年期的变化和适应较集中而已。

心理学家埃里克森(Erikson,1968)把人的一生分成八个阶段。每一个阶段都有一个主要的成长任务(deveopmen tatask)或危机，如果处理不好，就会影响日后的性格发展，但如果处理得当，日后的人格发展就会比较圆熟。好像在襁褓中，婴儿最主要的成长任务是建立对别人和周围环境的信任。当孩子饿了，没有人给喂奶，冷了没有人给衣服，哭了没有人给安慰，久而久之，孩子就不能对别人甚至自己产生信任。我们在第二章里谈及的依恋形态便与埃里克森说的信任危机不谋而合。又例如埃里克森认为孩子进了小学(大概6–12岁)，最主要的成长任务是培养能力和获取成就感。如果在这个时期，孩子老是失败，老是受父母师长责难，他们便会变得自卑自怜，对自己没有信心，缺乏动力去学习，也很难发展健康的人际关系。我们在上一章谈培养孩子的自我效能感，正是针对这个时期孩子的主要成长任务。

既然不同的人生阶段有不同的成长任务，那么青少年的主要成长任务是什么?

埃里克森认为孩子在这个时期是探索和建立身份的高峰期。他们要确定自己是谁。其实孩子一直都在形成、修订和改变自我的概念。我们在上一章中也提及孩子在两岁左右已有朦胧的自我概念。这个概念随着孩子成长而日益丰富。到了青少年期，孩子对自我概念的修正和发展到了一个特别活跃的时期。许多青少年在这个时期强烈意识到要重新思考我是谁的问题。既然有探索，有修正和变化，也就有不稳定的焦虑状态。埃里克森称这种状态为“身份危机”。在这种危机中,青少年们要在学业、职业、宗教信仰、人我关系以至人生态度和价值的问题上寻找自己的方位。埃里克森认为青少年在建立身份时可能有两种情况:有些青少年能确立自己的方位,成功地消解了身份的危机;但有些青少年还是无所适从,无法找到方向,陷在身份危机中,承受角色混乱的苦恼。

但青少年在这个时期的发展后果,真的只有两种吗?另一位心理学家马西娅(Marcia, 1980)便不同意这个说法。第一,他不认为所有青少年都会遇上危机;第二,他认为青少年建立身份时不只有两种情况,而是有四种情况。这四种情况源自两个因素的组合:(一)是否遇上了危机;(二)是否做了决定。

马西娅所提出的四种身份情况

	不曾遇上危机	遇上危机
不曾做决定	(一)身份迷失者	(三)延迟做决定者
做了决定	(二)过早封闭身份者	(四)成功建立身份者

有些青少年可能因为种种原因,不曾遇上什么危机,他们不怀疑也不思量父母师长告诉他们的价值。但这并不表示他们能成功地建立自己的身份。他们当中可能有一部分对父母师长所说的不置可否,不闻不问。他们根本不理会什么身份问题,有一天便过一天,浑浑噩噩。他们不曾遇上危机,也不曾为自己的身份做什么决定和承担。今天香港有许多年轻人,既不读书又不积极找工作。若问他们有什么志向,他们只耸耸肩,一脸茫然。他们是马西娅所谓的第一类人:身份迷失者。有部分不曾遇上危机的青少年却会过早地做了决定。他们对父母师长的话“照单全收”。他们毫不思考、毫不怀疑地以父母师长的指使来确立自己的身份。“既然父母要我做基督徒,那么我就是基督徒好了。”但他们对于这样的决定并没有经历深刻的反省。他们对父母师长言听计从,虽然好像已有

固定的身份,但因为未经历危机,不曾深思,只能算是第二类人:过早封闭身份者。至于那些曾经历危机和深思者,也可能有两种情况:有一些可能还是拿不定主意,寻寻觅觅,不能确立自己的身份;但有一些可能最终能找到自己的定位。前者是经历了严肃的思考仍不能随便作罢的第三类人:延迟做决定者。而后者则是第四类人:成功建立身份者。

马西娅的理论比埃里克森的丰富多了, 我们可以凭此了解身边的年轻人,看看他们究竟遇上了危机没有,做了决定没有。马西娅的理论虽然较埃里克森的有趣和有用,但依然受到后人的修订。另一位心理学家高特文(Grotevant,1987)便认为这四个情况太静态了。其实,寻找自我是一个不断的过程,并不单是发生在青少年期。一度成功建立身份的人也可能再度变成延迟做决定者。当新的危机再来,旧的想法受到动摇,一个肯深思的人便得再次苦苦追寻,找寻安身立命的方向。在未曾找到答案以前,他便是一个延迟做决定的人。但一旦能作出承担,他又再次成为一个成功建立身份的人。这样的过程可能循环许多遍。但这不是一个原地踏步或兜圈子的过程,而是一个旋转上升的过程。每一次的否定—肯定—再否定—再肯定都往更高的境界迈进,人的思想就更成熟了。我们较喜欢高特文的螺旋上升理论。我们并非喜新厌旧,而是深感理论和人的身份一样,也是会经历多次的修订、增润和发展。每一次的否定—肯定—再否定—再肯定都往更高的境界迈进。经历这样的过程,新的理论就更有解释和预测现象的能力。我们同意青少年期是身份探索的高峰期, 但这并不意味着身份探索在二十几岁后便戛然而止。环顾身边,我们也发现不少中年人甚至老年人为自己重新定位。许多人到了三四十岁时才转行、创业、移民,重新思考自己该做个怎样的人,过怎样的生活。其实面对变化而作出调整是健康的反应,青少年如是,父母也如是。我们对自己作为父母的角色,也应时刻反省。随着时间和环境的推移,我们也要不断调整自己的角色以及和孩子的关系。

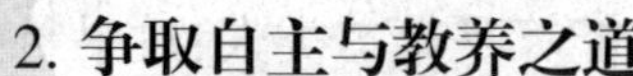

2. 争取自主与教养之道

青少年在建立自己身份时，有两件事情必须解决：第一是寻找自己在学业和事业上的出路；第二是重新厘定人我关系。当问及自己是谁时，孩子总是想到自己是学生，是某人的子女、某人的兄弟姐妹或朋友等等。人们往往以自己的职业和人际关系来界定自己的身份。我们在本书中不打算讨论青少年在职业上的探索。关于孩子在学业上的发展，我们则留待第七章〈儿童及青少年的学习〉再详细讨论。在这一章里，我们将集中讨论青少年在人我关系上的重新定位。

第 59 页一表列举了孩子从幼儿期到少年期的特性、需要以及父母相应的责任和态度。少年期一栏列明了孩子在这个时期情绪不稳、行为反叛、独立、受朋辈的影响很大。我相信家有青少年的父母一定深知其中的滋味。孩子上了中学以后，往往特别难教。父母也因而与孩子的冲突特别多。冲突往往来自孩子不再听父母的那一套，他们开始自以为是，坚持自己的看法，甚至公开抨击父母的见解。这都是身份探索中的必经之路。他们要重新厘定和父母的关系。而在这厘定过程中，争取自主就成为非常突出的主线。

心理学家瑞安和德西（Ryan & Deci,2000）认为不论年纪和文化种族，所有人都有争取自主的心理需要。他们的说法也许会受到质疑，例如争取自主的需要可能在青少年期特别明显，在其他时期没有那么厉害。又例如青少年人争取自主在西方社会特别厉害，在东方社会则不见得那么明显(Iyengar & Lepper,1999)。这些批评都有一定理由，但我们不能因此而以为在中国人的社会里，教养孩子可以不考虑他们争取自主的需要。管他是东方还是西方，家有少年人的父母一定体会到争取自主是实在的战事，天天都在进行。孩子快变成小成人，开始有自己的主见。如果父母认为孩子还小，或用中国传统的家长式处事方法，对孩子争取自主的诉求视若无睹，不但让亲子关系紧张，冲突频仍，而且也会让孩子无法建立健康的身份角色,影响他们日后的发展。

不少心理学家研究孩子的成长如何受父母的教养之道影响。著名的发展心理学家鲍姆林德 （Baumrind, 1989）便是其中开创先河的人物。她把不同的教养之道看成是两个因素互相配合的结果。第一个因素是对负责任和成熟的行为有要求（demandingness),第二个是对孩子关怀、爱护并且有民主的态度（responsiveness)。如果将这两个因素结合起来,便能得出四类不同的教养之道。

不同时期孩子的特性、需要以及父母的责任和态度

时期（年岁）	特性	需要	父母的责任与态度
幼儿期(0—3)	·两岁以下的孩子依赖父母、害怕陌生人、在安全的情况下才敢于探索。 ·两三岁以后自我概念增强、喜与同伴游戏和建立关系。	·起居包含上的照顾、安全感、身体上的接触; 如拥抱、呵护等。 与人沟通、学会规矩和适当的社交行为	·减少分离,多与孩子接触,提供照顾和安全感,让孩子有安全的依恋形态。 ·聆听孩子说话、鼓励他们多谈话、训练他们与别人合作和分享。
儿童期（3–6）	·能力增强、建立较丰富和复杂的自我概念。 ·喜爱群体活动，与同伴建立友谊。	·学习新知识和掌握新能力、建立自信和健康的自我概念。 ·建立良好的人际关系，表现合理负责的行为。	·培养孩子的能力和提高他们的自我效能感。 ·培养孩子的涉交才能，坚持合理原则,要求孩子有负责任的行为。
少年期（7–12）	·身体发育。 ·情绪不稳。 ·行为反判、独立。 ·探索自我是谁。 ·友辈的影响力很大。	·营养和运动。 ·尊重和谅解。 ·自主权。 ·建立身份。 ·扩阔社交圈。	·鼓励健康的饮食和运动习惯。 ·关怀、尊重和体谅。 ·尊重孩子的意见和私人空间。 ·分享见闻、坦诚辅导与沟通。 ·鼓励孩子参与健康的社交活动。

（一）恩威型（authoritative）的父母对孩子的行为有一定的要求，不会容许他们做出一些不负责任、不顾后果的行为。例如他们不会任由孩子整天看电视不做功课，或整夜在街上浪荡而不闻不问。他们要求孩子有负责任和成熟的行为。但同时，这类父母对孩子有充足的关怀和爱护，并且有民主的态度。他们关心孩子的感受，给予孩子鼓励和支持，同时愿意聆听孩子的心声，容许孩子有自主权，让他们发展自我。这些父母恩威并施，既有严格要求，也有足够的关爱与民主。（二）权威型（authoritarian ）的父母，对孩子的要求是够严了，但缺乏了足够的爱护和民主，于是只能常用高压的手段，叫孩子屈服害怕。他们是依赖强权的父母。（三）放纵型（permissive）的父母，对孩子的行为毫无要求，任他们胡作非为，也不加劝止。但这些父母对孩子有充足的爱护和民主，是"慈父慈母多败儿"的溺爱放纵典型。（四）忽略型（negectfu）的父母，既不管孩子的行为，也不关心爱护他们。对他们而言，孩子恍如陌路人，儿女的事仿佛一切与他们无关。他们对自己的孩子不闻不问，完全放弃。这种类型的父母是最不负责任的父母。

在美国，不少心理学家（Dornbusch, Ritter, Leiderman, Roberts, & Fraeigh, 1987; Steinberg, Mounts, Lamborn, & Dornbusch, 1991）依从鲍姆林德的理论来研究父母的教养之道怎样影响孩子的成长。他们都发现恩威型父母所教导出来的孩子成长得最好。互相比较之下，其他类型父母所教导出来的孩子则差强人意。然而，他们却发现一个出现在亚裔家庭的特殊现象。一般而言，来自恩威型家庭的孩子学业成绩都较其他类型家庭的孩子好得多。这个情况在不同族裔中都一样，唯独是在亚裔家庭就不一样了。不少亚裔孩子的父母多是权威型的，但他们的学业成绩一样出色。只有恩威型父母能教出好孩子的方程式似乎在亚裔家庭中失灵了。只管得严，但缺少爱护和民主的权威型父母竟然也会教出成绩优异的孩子！于是有华人学者（Chao, 1994）认为鲍姆林德的恩威型理论只能适用于西方社会，不能解释华人的教子之道。

	对行为要求高	对行为无甚要求
有充足关爱和民主	（一）恩威型	（三）放纵型
缺乏关爱和民主	（二）权威型	（四）忽略型

作为华人心理学家，我们不认为鲍姆林德的理论完全不行，也不认为华人教子可以只要求孩子有负责任和成熟的行为，而不需对孩子关怀、爱护并且有民主的态度。对争取自主的青少年来说，不管在东西方，民主还是十分重要的。然而，我们认为鲍姆林德的理论也有修改的必要。细看“四类父母的教养之道”一表，不难发现她说的第二个因素，关爱与民主其实不能混为一谈。这一点对华人父母尤其重要。关怀爱护是一件事，民主是另一件事。有许多父母对孩子关怀备至，但民主自由嘛，欠奉了！对华人父母而言，关爱与民主是两码子事。他们也许会对孩子嘘寒问暖，事事关心，把孩子的事看成自己的事。为了孩子成材，华人父母都愿意牺牲自己的利益。不少父母更会把房子押掉，筹钱让孩子进大学。爱是无微不至了，但他们不一定会尊重孩子是一个独立的个体。不少父母还是要求快要成年或已经成年的子女事事依他们的意见。诸如上大学修读什么科，结交怎样的男女朋友等等，不少父母都要管。我们相信这样的父母在中国人的社会里，比比皆是。如果以鲍姆林德的理论来划分，勉强将他们归类为权威型父母，似乎并不贴切。我们可以想一想，如果一个家庭有充足的关怀、爱护，并且管教严格，虽然民主欠奉，这家的孩子不会坏到哪里去。不少勤奋读书的孩子都可能来自这样的家庭。怪不得有心理学家发现亚裔孩子尽管来自“权威型”家庭，成绩一样出色。殊不知道这些孩子的所谓“权威型”父母并非那些典型的权威型父母。父母对他们管教严格但关怀爱护，唯独欠缺民主。

如果要修订鲍姆林德的理论，其中一个方向就是把关爱与民主这一个因素拆开成为两个因素。心理学家史丹伯格（Steinberg, 1990)便认为恩威型的教养之 道应该含有三个而非两个因素:(一) 对负责任和成熟的行为有要求;(二)对孩子关怀爱护;(三)对孩子有民主的态度。他认为这三个因素都齐备,才能算是恩威型的父母。恩威型的父母既严格又慈爱 (firm but kind),同时他们尊重孩子是一个独立的个体,愿意接纳孩子的意见,让他们自己做出关乎自己的决定。这些父母的孩子比那些来自没有民主,只有关怀和管教的家庭强多了。没有民主、只管教和疼爱的父母也许能教出听教听话、肯读书的孩子。但这些孩子在个性和群性上的发展可能并不那么健康，至少他们便无法发展独立自主的个性。中国有一些心理学家(Chen, Dong & Zhou, 1997)便运用史丹伯格的概念研究中国孩子的成长，他们发现来自恩威型家庭的孩子无论在学业成绩和社群发展上都较优胜。看来,修正后的恩威型教养理论还是适用于中国人的社会。作为中国人父母,我们没有借口说自己是中国人,恩威型理论不适用,所以只要管得严并爱护有加,其他的不用理会。当好父母,我们不但要管教和关怀孩子,还要有民主的态度,容许孩子培养独立自主的能力。民主的教养之道对渴求自主的青少年来说,尤为重要。

溺爱放纵的后遗症

香港循道卫理杨震社会服务处设有家庭健康教育及辅导中心,为香港市民提供家庭辅导服务。该中心自 1999 年 4 月至 2000 年 3 月间,一共辅导了 105 宗管教子女问题的个案(温室症表现,2000)。中心的辅导员发现其中约三成的个案是父母过度呵护与纵容子女的问题。在这

些个案中，八成父母在孩子犯错时，不会惩罚，有七成半父母更容忍子女的偏差行为，例如让孩子发脾气时乱咬母亲或佣人，对这样的行为不斥责也不阻止。此外，约六成父母不问情由一味满足子女的要求，例如父母因无暇陪伴子女，便不断买贵重的玩具给子女作补偿。这些被父母过分保护与纵容的孩子，九成有行为和情绪问题，例如过分依赖或容易发脾气；另外有五成有心理和社交问题，为人霸道或缺乏自信心。他们大都不懂照顾自己，不懂做决定，不晓辨别是非和不能承受挫折。这一所中心也在同期处理过二十多个成人的个案，他们有自毁、暴力、精神病或性格等问题。追寻他们的童年，辅导员发现他们都是温室子女，被父母过度溺爱，日后却无法长成心理健康的成人。他们经常转工或长期失业，因为他们不懂得与人相处，又容易和上司或同事发生冲突。

许多从事翻译的人都曾指出：有一些西方的词语非常难找到中文的翻译。难于找到中文上可对应的词，原因很可能是因为中国文化中没有这个概念，所以根本就没有相对应的词。privacy 一词就是一个经典。中国人的传统文化强调集体主义，对个体的独立自主并不那么重视。在以往的社会里，人们根本没有 privacy 这个观念。但随着社会日趋现代化，人们的观念也就随着产生变化。现在，译者都会把 privacy 翻译成“私隐”。“私隐”是一个新造的词，但现在却不怎么新了。在香港，大部分华人都知晓这个新词的含义，年轻人更常常理直气壮地要捍卫自己的私隐。这也许因为时代变迁，西风日渐，或者青少年人特别渴求独立的私人领域。姑勿论原因何在，今天的父母不能不以民主开明的态度，尊重孩子的私隐。香港的一家青少年服务机构用问卷访问了一千多名初中学生，探讨他们向父母隐瞒的秘密内容、原因及父母探知秘密方式的接受程度（香港青年协会，2001）。调查显示少年人最常隐瞒的三大秘密分别是：（一）朋友的情况；（二）自己学业欠佳；（三）自己因学业压力引致紧张。当被问及他们最渴望父母怎样对待他们时，他们表示最渴望父母以尊重及愿意聆听的方式了解他们，也期望父母能接纳自己的所有秘密。他们最不接受父母用责打、□唆、偷听电话内容、翻看私人物件及跟踪等方式查探自己的秘密。然而，运用这些方式的家长大不乏人。据这项调查发现，有六成半的少年表示他们的父母曾使用□唆的方式，而指父母曾用责打方式的也有四成半。

父母希望知道有关孩子的事情，也是出于关怀。但关怀不得其法，事事都管，事事都要孩子交代，难免让孩子觉得自己的私人空间给侵犯了。孩子到了青少年期，渴求独立自主。父母如果希望多了解孩子的事，便要采纳尊重和愿意聆听的态度。如果孩子暂时不愿意告知心事时，也应给予多一些空间，而不是立刻追问。他们可以跟孩子说："妈妈/爸爸知道你有心事，但亦明白你现在不想说出来，现在不说不要紧的。如果想找人倾诉的话，可以随时找我。我愿意和你分担。"这种亦师亦友的态度最能打动倔强的少年心。在给予空间的同时，也提供了一个可靠的安全网，让孩子知道父母的支援就在咫尺之间。

3.朋辈影响

香港青年协会(2001)的调查显示少年人隐瞒父母的秘密之中，以朋友的秘密为首。此现象反映少年人现阶段最重视的是朋友，而且也可能是亲子之间阻力的一个重要因素。

青少年受朋辈的影响甚深。为了争取朋辈的接纳，避免排斥，青少年往往因朋辈压力而做某些事或不做某些事。心理学家卡察杜云(Katchadourian,1990)访问一群 17 岁的美国青少年，发现不少青少年是因为朋辈的影响而很早便有性行为。在自认有性经验的青少年当中，有34%的女孩子和 26%的男孩子直认是因为受到朋辈的压力而进行性行为。这个现象不难理解：当所有朋友都在炫耀自己的性经验，为了不显得落伍，有的青少年便只好跟风。

在这个时期，孩子的社交圈往往有大大小小的集团。物以类聚，人以群分，青少年人就按个人的喜好性情来聚成小集团，爱读书的聚在一起，爱“追星”的也会聚在一起。小集团成为青少年的文化核心。心理学家布朗等（Brown, Mounts, Lamborn, & Steinberg, 1993）发现青少年的小集团种类繁多，有所谓“食脑团”（brains）、“大众团”（popular crowd）、“玩乐团”（jocks），甚至“吸毒团”（druggies）等等。他还发现父母教养子女的方法与青少年靠拢那些小集团有密切的关系。父母如果重视学业而且管教较严，孩子多属“食脑团”，对读书较认真。但如果父母对孩子疏于管教或者专制不民主，孩子则多属“大众团”，随一大伙人一起玩闹，有的甚或向“吸毒团”靠拢。

在香港，子女能否抗拒朋辈的压力也与父母的教养之道息息相关。笔者之一（Lam, 2003）在一项问卷调查中，访问了约1900名中三学生，探究他们会否因为朋辈的怂恿或教唆而从事一些不良的行为，诸如：店铺盗窃、考试作弊、滥用药物等。她发现恩威型父母的孩子有最强的抗压能力。当孩子觉得父母（一）对自己的行为管教严格；（二）对自己关怀爱护；（三）给予自主的空间，他们就较不容易受朋辈的怂恿或教唆而去犯事。这正是恩威型父母之道的三个因素，是意料之事，无甚惊喜。但研究结果有一个有趣的发现：这三个因素有微妙的互动关系。如果父母光是管得严，但没有尊重孩子的想法，孩子也不一定有较强的抗压能力。只有管束，没有聆听和尊重，徒然令孩子反感反叛，结果他们宁可听损友的话，也不听父母的话。只有当父母既有严格的管教，但又有民主的态度时，孩子才会对父母的教诲心悦诚服，不轻易受损友唆使。关怀爱护和民主态度之间也有同样的互动关系。光是关怀爱护，但没有培养孩子独立自主，孩子也不见得有较强的抗压能力。只有当父母既关怀爱护孩子，也容许孩子发展和行使自己的想法，孩子才不会像无知的温室小花,人云亦云,随波逐流。从另一个角度看,能够抗拒朋辈压力也就是独立自主的表现。当孩子心中知道对错,尽管大伙儿说三道四,他都能够稳如泰山,不受唆使。这种独立自主的能力从哪里来?就是从恩威型的父母那里学来的。这个研究证明恩威型父母之道的三个因素,缺一不可。我们既要关怀爱护孩子,也要对他们的行为有要求,而且更要尊重他们的意见,培养他们独立自主。只有三剑合璧,才算是恩威型的教养之道。

4. 小结

在这一章里,我们讨论了青少年期孩子的特性和需要,也讨论了怎样的教养之道最能帮助孩子在这个时期成长。布鲁克斯(Brooks, 1999)从事家长教育多年,她对父母在这个时期的任务,有以下的建议:

(一)要继续留意孩子的行为,执行合理的规矩,但同时要支持和接纳他们的个性;

(二)当子女需要时,能及时给予照顾与关怀;

(三)以身作则,示范负责任的行为;

恋爱?乱爱?

2002年,香港十间大专院校的保健小组联合进行一项有关大专生性行为的网上调查(婚前性行为,2002)。在受访问的11,228个大专学生当中,性观念较随便、性知识较贫乏以及较不重视性知识的,往往是那些与家人关系较疏离的一群。

家庭关系对年轻人的爱情观有莫大的影响。心理学家哈辛和舒法

(Hazan & Shaver, 1987)甚至将年轻人的恋爱关系追溯到婴儿期的依恋行为。他们发现幼儿时无法建立安全依恋形态的人,长大后很难发展稳固和健康的亲密关系。在接受访问的成年人当中,有24%可以被划分为焦虑回避型。这些人对亲密关系有戒心,不容易相信自己的伴侣。他们表示自己常有嫉妒的感觉而且情绪起伏很大。追问童年经验时,不少人指出自己的父母比较冷漠。他们早年极可能有焦虑回避的依恋形态。幸好大部分哈辛和舒法的访问对象都不是这样的。有56%的受访者可以被划分为安全型。他们能与伴侣建立互相依赖和信任的关系,很少忧虑自己会遭伴侣抛弃。他们能与伴侣维持较持久的亲密关系,离婚率也较低。追溯童年,他们表示父母的婚姻关系和睦,而且都十分疼爱他们。这些人似乎在儿时建立了安全的依恋形态。但研究中剩下的20%受访者则没有那么幸运。他们可算是焦虑抗拒型的人物。他们每每投诉伴侣对他们关注不足,常常忧虑会遭伴侣抛弃,而且嫉妒心很强,整天渴望紧贴在伴侣身边。追溯童年,他们表示父母的婚姻不怎么稳妥,对子女也较少关怀爱护。他们小时候很可能属焦虑抗拒的依恋形态。

原来,恋爱或乱爱也离不开儿时的经验!

(四)在开放的气氛中,与子女讨论价值观和有关的资料;

(五)当孩子做出重要的决定时,充当顾问的角色;

(六)在接纳的气氛中,容许孩子独立自主;

(七)一起分享欢乐的时光。

第一点至第六点其实就是我们早前谈及“三剑合璧”:管教、爱护、民主。但她的第七点建议却十分有趣,我们看后,觉得有必要和家长深入讨论。我们谈孩子的成长,无论在幼儿期、儿童期和青少年期,都强调父母教养之道的影响力。这个虽然是心理学上的共识,但我们也恐怕多说了,让父母战战兢兢,把父母的责任看得太重、太严肃。布鲁克斯的第七点建议正好来得合时合候:我们需要和孩子一起分享欢乐的时光。

著名的作家柏杨(2002)曾经发人深省地指出:儿女是父母"哀乐中年的眼前欢"。他慨叹许多父母都把养儿育女看成是头等严肃的投资事业,老是计算将来孩子是否成材、是否能回报亲恩等等,于是便忘却了亲子之间的眼前欢。他认为人到中年,亲情的互动,是阶段性的幸福,父母若能好好把握这些欢乐的时光已是最大的回报。柏杨的话,使我们感触良多。在我们的辅导工作中,遇上不少过分严肃认真的父母,因为对子女有严苛的要求,结果搞得家毋宁日。说到底,孩子应该是父母的"眼前欢",而不是"眼前怨"。在谨记管教、爱护、民主之时,别忘了与孩子一起分享欢乐的时光。

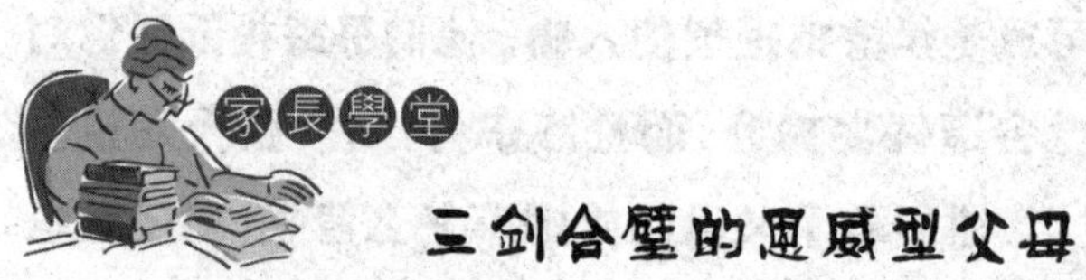

三剑合璧的恩威型父母

在亲戚朋友的眼中,小美是个勤奋好学、做事有心思、有分寸的孩子。她和父母的关系亲密,就是上了中学以后,还会和父母谈己见、谈心事。亲戚朋友都艳羡不已,认为这是小美的父母三生修来的福,得到这么乖巧的女儿。每次听到亲戚朋友这么说,小美的父母总是笑而不语。他们心里明白,哪有从天而降、不用教养的乖巧孩子!谁家的孩子没有顽皮的时候?谁家的孩子没有闹情绪的时候?谁家的孩子没让父母操心的时候?他们的小美也不例外。他们只是懂得运用恩威型的教养之道而已。以下就是其中一个例子:

小美刚升上中学,开始注重打扮,要求把头发留长。妈妈让小美按自己的意愿把头发留长了。但小美却因此发展了一个坏习惯:喜欢把自己的长头发放在嘴里把弄。妈妈于是要求小美把坏习惯戒掉。她先向小美解释：把头发放在嘴里不卫生，容易沾到细菌而染病，而且这样会影响仪容，爱清洁的同学不会与她为伍。最后妈妈和小美商量，订下这样的协议：如果小美戒不了这个坏习惯，就表示她不能照顾自己的长头发，需要把长头发剪短。小美爱漂亮，当然舍不得把长头发剪短，再者，她同意妈妈对卫生的要求，明白妈妈这样做是要保护她，不想她生病和受其他同学排挤，于是她很快便把坏习惯戒掉了。

在这件小事上，小美的妈妈既动之以情也晓之以理，而且也容许一定程度的自由选择，可谓用尽了恩威型父母的三个法宝：（一）对孩子的行为有严格要求她没有放任自流，任由小美继续保持坏习惯。她和小美订下了协议后，必定遵守，不会放松。在态度严谨的妈妈面前，小美知道自己是不能混过去的。（二）对孩子关怀爱护她向小美解释理由时，处处显示自己的关爱。她让小美感到她的要求并非逞父母的强权，而是由于关怀爱护。小美知道妈妈爱自己，也就不会产生对抗的情绪。（三）给孩子自主的空间她尊重小美的意愿，让她留长头发。待小美发展了坏习惯后，她也没有勒令小美立刻把头发剪掉。她和小美协议，让小美自己作选择。小美若戒不了坏习惯，头发必须剪短；小美若选择保留长头发，但坏习惯必须戒掉。有自主，也就有承担。小美学会了若要留着一把长发，就要显示自己有能力使自己仪容整洁。假如自己没有这个能力，就得接受不能留长头发的后果。看来，孩子是否乖巧，由来有因，不会是从天而降的。

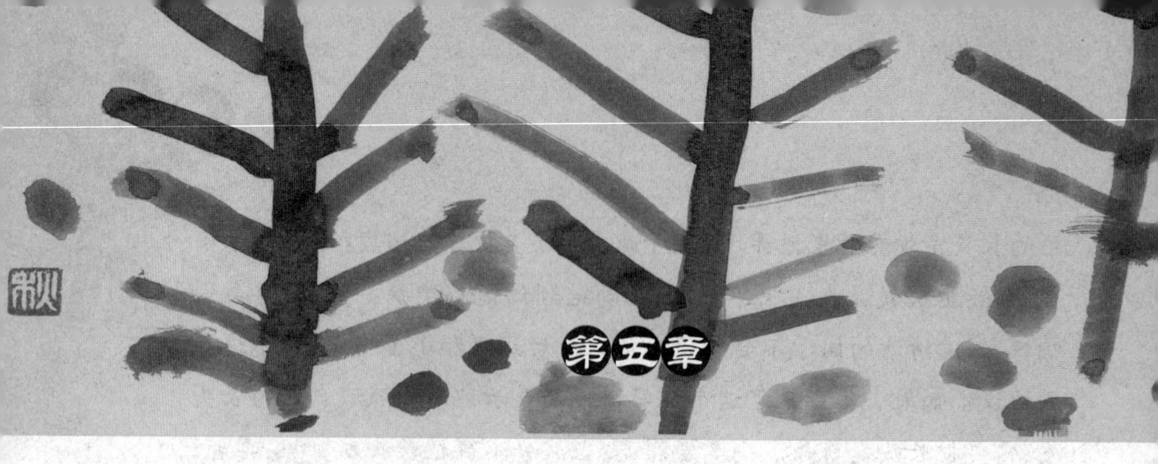

品德的培育

你对孩子有什么期望？希望他将来成为怎样的人？

从中国人的角度来看，“知书识礼”是做人的基本素养。“知书”就是知识上的涵养，而“识礼”是指在社会上守礼，做个合乎道德的人。倘使子女学业成绩不出众，家长起码要求孩子对社会有用。这包括了尽责、守纪、坚毅、尊重他人和自己等素质。

俗语有云：“学好三年，学坏三日。”尽管家长、老师长期苦心教诲，青少年却往往不敌一时间的诱惑。打开报章，不时会发现青年人误入歧途的故事：本来是个听教好学的孩子，后来不知怎样地结识了一班游手好闲的朋友，渐渐无心向学，跟家人闹翻，继而离家出走，变成边缘青少年，终因铤而走险犯事被捕等等。面对光怪陆离的社会，不少家长感到束手无策，担心子女会受外间世界的引诱而误入歧途。其实，家长无须过分担心，因为成长道路绝对是有迹可寻。孩子的成长受他的脾性、家庭培育、外间环境的多方影响。行为问题往往可从成长的过程中找到伏线，故此自幼着重品德的培育是预防的良方。

我们会在这一章探讨如何培养子女的品德。首先，我们从心理学不同派别的争议中，了解品格成长的复杂性，继而从道德思维发展的角度去探讨孩子对是非的判断。在本章的下半部分，我们会检视利他行为和攻击行为，借以了解亲社会行为（prosocia behavior）和反社会行为（antisocia behavior）的形成，并以大众传媒为例来探究环境对品德成长的影响。

1. 人性本善？人性本恶？

假设人的天性乃非善非恶，才会在环境影响之下，习染正面或者反面行为和品性。中国文化中一直强调环境栽培的重要性，譬如在“孟母三迁”的故事里，孟子的母亲为了儿子的将来，不惜搬家三次，好让他能得到正面的环境熏陶。孟母透过转换环境来提升孩子的素养，这做法切合心理学行为学派的观点。行为学派论者认为人的本性就像一张白纸，上面写的是怎样的故事就得看环境的造化。20世纪初，美国著名行为学者华生（John B. Watson，1924）更扬言可以将任何一个健康正常的初生婴儿培养成指定的职业和品格，如：医生、教师、大贼、小偷等。另一派倡议人性无善无恶的，是认知心理学派的学者，如：皮亚杰和科尔伯格。他们以认知能力的增长来诠释不同年龄孩子的道德思维发展。

究竟人的品性是否纯粹由环境定夺？人的天性是善是恶？心理学不同学派对人性的看法不尽相同。有些心理学家对人性的看法并不乐观。心理分析学派大师弗罗伊德指人生下来便有破坏/死亡的本能。在成长过程里，这些负面本能受到理性压抑。然而一旦成长出了乱子，这些劣根性便会表露出来，对他人甚至自己造成伤害。人类历史无数次的战争，以至社会及家庭中发生的暴力事件，似乎一一印证了人性本恶的看法。主张人性本善的人本主义心理学派大师如马斯洛（Abraham Masow）和罗杰斯（Car

Rogers)，认为人性带有善良及自我实现的特质。在成长的过程中，儿童需要有足够的自由和空间去发挥个性、体验自我，身边的人若能提供情感上的支持，孩子便自自然然会健康成长。从悬壶济世的史怀哲医生和爱人如己的德兰修女身上，我们看到了人类善良、智慧、个性的光芒。

这些不同的看法，提醒我们：人是何其复杂，人的本性有善、恶的不同面貌，必须从多元角度去探视了解。作为教育工作者及心理学家，我们对人性持乐观正面的态度，人的天性里有善良和智慧的一面，在教养孩子时应尽量鼓励发扬这些特质，并在思想行为等不同层面作辅导和栽培。同时我们亦应提防劣根性会在成长的道路上滋长，特别要留意环境对德育成长带来的负面影响。

2. 道德取舍

先让我们讲一个故事：

在欧洲某地，一名女子患上罕见的癌症而濒临死亡边缘，只有一种新发明的特效药才能救她一命。该种特效药由一位科学家研制，原料约值200元，而科学家将制成品以2,000元出售，高于原料十倍的价钱。那名女子的丈夫轩斯四处向亲人朋友借贷筹措金钱，但只筹得1,000元，仅及售价的一半。轩斯将妻子的情况详细告知科学家，并哀求他减价或者让自己日后分期还清款项。可是科学家一口拒绝，坚持要即时收足全费。轩斯救妻情切，在走投无路的情况下，潜入科学家的实验室，偷走了特效药来医治妻子。

如果你是轩斯的话，你会否偷药？你的理由是什么？你会怎样面对这个人生交叉点？

不同的人对这个两难处境有相异的看法。有的认为不论出发点，偷窃行为本身就是不对,因为犯法会带来监禁的刑罚。另外一些人认为“救人一命,胜造七级浮屠”,更何况要拯救的是妻子。在这种危急的情况下,偷药完全是合情合理的。不同的看法各有理据,看来难辨谁是谁非。

2.1 分辨善恶:科尔伯格的学说

人生路上,总有机会遇上类似发生在轩斯身上的两难处境,孩子也难幸免。好同学默书时作弊,刚好让你看见,应否向老师告发?自己不小心推跌了妈妈心爱的花瓶,把它弄碎了,把责任推在活泼的小花猫身上不就成了?

上面的偷药故事是著名的“轩斯两难处境”,出自心理学家科尔伯格的构思(Kohlberg, 1963)。科尔伯格以这类故事作研究,访问不同年纪的人,看看他们会如何处理这种道德两难处境。他发现不同年纪的受访者皆有赞成或者反对偷药的情况,换言之,处理方法与年龄无关;然而,小孩子跟成年人解释行为的理由却截然不同,看来道德判断与思维能力发展有关连(Kohlberg, 1984)。基于研究的结果,科尔伯格提出了道德判断发展论说,从思维发展的角度去理解品格的成长,将道德判断发展划分为三个层次。

年幼儿童一般以避罚得赏作为是非的准则,这是“前常规层次”(Preconventiona level)的道德思维特色。孩子所作的判断纯粹视乎行为会否带来惩罚责骂,或者会否满足个人需要或兴趣。总括而言,他们以个人利益为考虑点,并奉家长老师等权威的训示为金科玉律。“万万不能偷药,因为要承受牢狱之苦。”“偷药救回妻子一命,她便可以照顾我下半生。”“不做家课,妈妈便不会买数码暴龙给我做生日礼物。”“若我不举报同学,一旦让老师发现便连我也会受罚。”这些想法都反映了“前常规层次”思维,一般是年幼儿童的想法。

“常规层次”(Conventiona level)普遍是学龄至初中儿童的道德判断方式。这个年纪的孩子一般能代入他人处境去考虑事情,故此无须师长的耳提面命，而道德判断往往建基于孩子已接纳的社会认可行为准则。孩子希望自己的行为能得到他人的认同和接受，而遵守法纪、维持社会安宁秩序亦是重要考虑点。“常规层次”的道德判断思维包括：“偷药是犯法的行为，人人这样做会引致社会不宁。”“我见死不救，亲戚朋友会鄙视我。”“出卖同学，其他人会排挤我。”“作为学生我应该尽力完成功课，好报答父母的养育之恩。”这类的思维方式有时也出现在成年人当中。

“后常规层次”(Postconvetiona level) 是道德判断发展的最高阶段，反映个人思想成熟，能以理性抽象思维去面对问题。达到这个层次思维的人，理解法律只不过是为维持社会安定而定出的行为标准，并非亘古不变的金科玉律，故此他们能接纳不同社会对同一行为有不同的看法。例如，在香港婚外情带来不少家庭问题，但并不构成刑事罪行，可是在好些回教国家通奸会招来死刑的处分，这反映了法律无绝对道德价值标准。当社会风气转变时，法规道德均会随之而改变。故此，个人把持的共同价值伦理标准(如：尊重人的平等、尊严及基本权利)才是跨越时空国界的行为守则。“后常规层次”对道德两难局面会有如下的分析：“我若因坚守法律而不去偷取药物，我终会因良心的责备而抱憾终生。”“我一旦偷药便会违反自己一贯对诚实的坚守的信念。”“若我不告发同学作弊，那只不过是因为我想讨好同学，为此而放弃公平准则是不对的。”

这三个道德判断层次建基于思维能力的发展，排列先后有序。在日常生活中，孩子面对不少道德困境，他们从他人的不同看法中得到冲击启发，得以进展至另一层次。科尔伯格的看法是：当孩子面对比自己能力稍高层次的道德判断思维时，会进入认知失衡状态(cognitivedisequiibrium)。他们不能完全理解他人的想法时，会产生认知上的矛盾。这种矛盾会导致他们重组自己的思维，进而渐渐地把自己的判断提升至更高层次。例如，国光发现了小明作弊的情况，但他没有告发小明,因为小明一向是好学生,而且小明常请他吃糖果(“前常规层次”思维),但同班的美琴却告诉国光,就算成绩一向很好,作弊始终是触犯校规的行为,应受到惩罚(“常规层次”思维)。美琴的看法会为给国光带来冲击,令他重新考虑自己应否为同学作弊而保密。这种失衡状态一般在与他人讨论及分享时更为显著。同辈间的自由讨论容易引发认知失衡状态,因为同辈之间的地位身份平等,大家更能开怀地分享自己的想法,亦较容易代入对方的身份去理解和接受他人的思维,不像与师长交谈时须谨言慎行毕恭毕敬。科尔伯格的道德发展理论启发了不少德育课程。现在不少学校德育课都参照科尔伯格的主张,以小组形式去进行道德两难处境的讨论(Kessler, Ibrahim, & Kahn, 1986)。

2.2 管教子女

家长身为成年人,道德判断能力理应比年幼子女为高,故此引导孩子品格成长责无旁贷。科尔伯格的理论着重道德思维和判断的发展,而非单单以价值观或结论本身去评定德行。赞成或反对轩斯偷药,其结论并不是最重要的。在不同的道德判断层次, 也有人赞成或反对轩斯偷药,最重要的元素是赞成或反对的思辨或理由。道德思维而非判断得出结论才最能决定当事人身处在高还是低的道德发展层次。这个看法说明了道德思维的重要性:若要对孩子施行品格教育,单靠教诲和直接灌输价值观和道德标准是不足够的;我们必须引导道德思维的发展,令子女在是非黑白含糊的情况下也能独立思考。这种能力在价值观混淆不清的现代社会尤其显得重要。例如:偷窃是犯法的,那么偷窃知识应该是犯法吗? 购买盗版光碟是否不对? 复制光碟与同学分享又如何? 又例如:我们不应杀人,但自卫下杀人是否可以原谅? 谋杀希特拉等千夫所指的人,可是不对? 协助他人自杀又如何? 这些道德伦理具争议的情况俯拾皆是,其中往往没有简单、绝对而大家均同意的答案。故此,德育的重点不是向孩子提供简单的答案，而是培育他们深入的思辨和理性的分析。

家长须多把握机会与子女讨论日常事物，透过分享及分析，以简单易明的语句令子女接触不同的看法，久而久之，他们的道德判断思维便得以提升。身边可供讨论的话题俯拾皆是。家长大可以和青少年讨论热门时事新闻，如：店铺高买、歌星撞车调包案，以及少数青少年在平安夜于文化中心捣乱、涂鸦等，重点是选择容易引起青少年的兴趣和讨论的话题，并以讨论跟进问题来刺激思考。以少数青少年在平安夜于文化中心捣乱事件为例，可提问以下问题来和青少年讨论："你认为那些青少年为何会这样做？如果你在场的话，你会怎样？你认为怎样可以让青少年高兴地庆祝佳节而不造成破坏？"对较年幼的孩子，我们可以讨论卡通片、寓言、童话故事人物的品格行为。其中，伊索寓言是很好的德育教材，此书包罗了好几百则短故事，大都跟动物有关，如：大家耳熟能详的"龟兔赛跑"、"狼来了"等，而每则故事都蕴含着为人处世的教训。我们认为重点不在于故事的教训，而是应把握故事所提供的不同情境来让孩子去思考和判断自己的处理方法，譬如：乌龟跑得慢，会在赛跑中落败，是否应该参加比赛？家长应以讲故事方式与孩子分享内容，透过角色扮演来增加故事的趣味性，并鼓励孩子代入角色去考虑自己如何面对处境，例如：若你是山下的农夫你会相信牧羊人的呼救吗？这样便能提高孩子对事物的思维判断能力。家长须注意的是：跟子女讨论故事或者时事时，要让孩子有机会表达自己的观点和判断，千万不要急于训示或指正。当孩子知道自己的意见受尊重，他们才会开放心灵去接受其他看法。这时家长以平和心态去分享自己的观点，便会为孩子带来思想上的冲击，这样才能有效地制造认知失衡的状态。

此外，道德发展理论亦有助我们检讨管教子女方法的效用，重点在分析管教方法背后的道德思维判断是否配合子女的成长阶段。以赏罚来作管教方法，如“你不做家课，便不能看电视”，“你乖乖地练习钢琴，爸爸给你买新玩具”，是依循“前常规层次”的避罚得赏原则，一般适合年幼的孩子，对于小学或以上的孩子来说效用不大。过分强调赏罚，会令孩子只关注行为对个人的后果，而无法建立对事物善恶的思维判断能力。况且赏罚往往由家长成人所拟定，孩子变成倚赖外间的行为管控，而忽略了培养独立判断是非和自我规管行为的能力。“常规层次”道德判断思维着重内化的社会认可行为标准，讲求孩子从他人角度去考虑事物，例如：“你自己不好好清理房间，便得由妈妈代劳，这样会令她过于操劳。”或者“你老是占用着电话，会为家人带来不便。”这些方法适用于就读小学或以上的孩子，让孩子从他人角度去考虑事物，体会内化社会行为标准，进而规管自己的行为举止。最后，“后常规层次”的管教方法，着重建立认定的道德价值观，适用于年纪较长、能掌握抽象思维的孩子，例如：“说脏话是不尊重他人及自己的表现，你若明白脏话的原本意思，便不会说。”或者：“新来港的同学也是香港社会的一分子，我们应该以平等的态度来对待他们。”

品格包含了思想、情感和行为。做一个有品格的人不单要在思维上能把持真理，亦得有一颗怜悯和体恤的心及良好守法的行为。在以下两节中，我们将透过探讨同情心、利他行为及攻击行为去了解良好品格所牵涉的情感和行为。

3.感同身受

从心理学的角度看，“学好”泛指种种的亲社会行为(prosociabehavior)，包括尊重自己和别人、帮助别人、和他人合作等。这些行为举止合乎社会规范，并能保持社会的运作畅顺。在亲社会行为当中，成长心理学家十分重视同情心和利他行为的培养。让我们先看以下一个例子：

小息时候，好几十个小学生挤在操场内，跳绳、踢球、聊天、吃零食，各自在享受课堂之间的十分钟休息。明明独个儿坐在一旁，眉头紧皱，眼里一泡泪水快要滴下来。原来明明刚在操场上被人撞了一下，肩膀很痛。撞她的人早已溜走，明明觉得很委屈，快要哭出来。敏儿留意到明明独坐一旁，她走到明明身旁，从口袋里拿出一盒糖果与明明分享，明明这才渐渐露出微笑。

敏儿只不过是个八岁的小妹妹，但她显露了以这个年纪来说不凡的能力——颗洞悉别人情绪的心，以及因应这种理解而产生的助人行为。成长心理学称之为“同情心”(empathy)。我们在第三章内讨论了情绪智能及其重要性，同情心被认定是情绪智能中的一种重要元素(Mayer & Salovey, 1997)。

霍夫曼(Martin Hoffman)是同情心研究的先驱者。他认为同情心是人类天生共有的反应，并指出婴儿很早便显示出观察他人情绪的能力，和容易受他人的情绪所感染(1982)。好像育婴房内一名婴儿受惊而哭啼的话，很快其他婴儿也会齐声哭叫。随着年岁的增长，孩子不单能理解和感染他人的复杂情绪，更会作出相应的协助和抚慰。这种同情心，来自代入他人处境的能力，从他人的角度去理解情况，从而体恤其感受。例如，在街上有人不小心踏着香蕉皮而滑倒，旁人或会因看到跌倒时笨拙动作而发笑，然而同情心强的人会代入对方的处境去体恤跌倒的痛楚，并乐意伸出援手扶起对方。由此可见，同情心是助人利他行为的先决条件。

同情心源于采取他人立场(perspective taking)解事物的能力。然而年幼孩子一般并不完全具备这种思维能力，他们倾向从自己的观点出发。这不是说三四岁以下的幼童都自私自大，而是他们的思维能力有限，无法从第三者眼光去理解事物，这种情况之下，孩子会以为其他人必然跟自己的想法和感受一样。例如：三岁的立仁只有一个弟弟，当别人问他有没有哥哥时，他能正确回答说没有。但当人家问他家中的弟弟有没有哥哥时，他也说没有。这是因为他未能从弟弟的立场去回答问题。随着年纪日长，孩子的思维发展开始成熟，逐渐形成采取他人立场考虑事物的能力。然而具备这种能力的人并不一定会运用于日常生活。繁忙时间在地下铁路候车的，有不少是"蛮牛"——横冲直撞、争先恐后的乘客，往往没有从他人立场考虑有秩序上车下车对大家都有好处。更严重者，人类所犯的罪行如偷窃、强奸、残杀、战争等，行凶者若能考虑受害者和其家人的心情和感受，便会不忍下手。麻木不仁、视而不见，是产生偏见和仇恨的开端，故此家长应自小培养孩子的同情心，引导子女考虑他人的立场观点。例如，要阻止年幼子女胡乱抛掷皮球，一般家长会用责骂来威吓孩子；但从培养同情心的角度去看，便应告诉孩子不小心抛掷皮球会很容易打中别人，令对方很痛，让孩子理解到自己的行为给别人带来怎样的后果。这样做有助他建立社交才能，亦能培养利他行为。

利他行为（altruistic behavior）包括与他人合作、分享、助人，令他人以及自己可以得益。在中国传统讲求人际和谐的社会文化中，这些都是我们希望能在孩子身上培育的良好行为。在外国进行的研究（Rheingold, 1982; Rheingold, Hay, & West, 1976）显示，年仅一两岁的幼童已懂得自发向身边的成年人展示玩具，或者当他人不开心时分享糖果玩具等心爱物品，这反映了分享、助人行为很早便形成，属于人的本性。随着年岁增长，孩子的认知能力和行为技能日趋成熟，分享及助人行为亦能因应情况而作出配合。当他人跌倒受伤而痛哭时，两三岁的小童会拿出糖果作安抚，而八九岁的孩子会知道此时伤者最需要的是疗伤和呵护。

心理学家留意到不同的孩子有不同程度的利他行为。在一项颇有趣的研究中，研究员让一群母亲读一则令人心酸的新闻，令她们不禁凄然落泪,然后观察其两岁大的孩子对母亲的情绪有怎样的反应(Radke-Yarrow & Zahn-Waxler, 1983)。有些小孩被妈妈的情绪感染了,随而哇哇大哭。另一些小孩看来无动于衷,只是追问着妈妈发生了什么事情。还有好几个为了避开母亲的哭声,掩着耳朵走开了。可见同情心和利他行为自年幼开始已呈现个别差异。孩子是否运用同情心去体察他人的处境以及作出利他行为,在很大程度上与家庭培育有关。总结心理学研究的忠告(Bee, 2000; Eisenberg & Fabes, 1998),我们对培育同情心和利他行为有以下的建议:

(一)让孩子清楚知道待人处世的要诀。不少家长以为幼童少不更事,对管教不放在心内。一两岁的小宝生气打人,旁边的家长会哈哈笑,觉得小宝这样很可爱。他们忘记了,当十岁,甚至二十岁的子女还是这般耍性子的话,他们大概会欲哭无泪。我们应自小开始引导孩子去理解他人的处境,关心体恤他人,并作出明确的行为指引,例如对小宝说:"你这样推弟弟,他跌倒会很痛,以后不要再这样做。"或者"表姐也想吃苹果,不如把它分作两半,大家一起分享不是更开心吗?"这样孩子便习惯凡事要考虑他人的立场,并理解自己的行为会令他人和自己产生怎样的情绪。习惯自小养成,效果自然事半功倍。

(二)让孩子有机会去帮助他人。例如在家帮助年幼的弟妹、探访年老的亲人、在学校参与筹款活动等等。当中最重要的是家长以身作则,一起参与助人活动,并在日常生活中显示出助人利他的态度,这样孩子才会有动力去跟随父母的指示。

(三)让孩子理解利他助人行为是发自内心,因应情况而作出的明智选择,并赞扬他的良好意愿。例如对孩子说:"你留意到地上有个小皮球并把它拾起来,以免妹妹会跌倒,真是乐于助人。"以归因理论(attribution theory)(Fabes et al . 1989; Grusec, 1991)来解释,强化这种内在的品格会提高孩子的自我看法,激发他的利他行为。反之,以物质奖赏来鼓励孩子的亲社会行为会带来反效果，因为孩子会把助人行为视作贪图奖励的手段,而非发自关怀。一旦没有了奖励的诱因,孩子容易停止利他行为。

(四)我们要谨记:“积善之家,必有余庆。”以家长为首带动一家人关怀他人,对子女成长起着正面的示范作用。同样地,家庭气氛温暖而充满爱心,这样孩子才能对外间世界抱有积极乐观的态度,对其他人也会带有爱心。

4. 攻击行为

2002 年的平安夜以及之后的几个假日晚上，香港尖沙咀文化中心广场聚集了数以万计的市民观赏灯饰共度佳节。在这普天同庆的时刻,大家都显得特别兴奋。当中有些年轻人按捺不住自己的情绪,把兴奋的心转移成捣乱的行为。他们四处弃置垃圾，到处喷人造雪和用油漆涂鸦,还向警察及记者掷荧光棒。在场维持秩序的警察束手无策,最后在元旦夜不得不以驱散人群来控制场面。这次事件反映了教养 孩子的难处。正如捣乱犯事的青少年令维持治安的警察头痛,不听话、不守规则的孩子亦为家长带来极大难题。

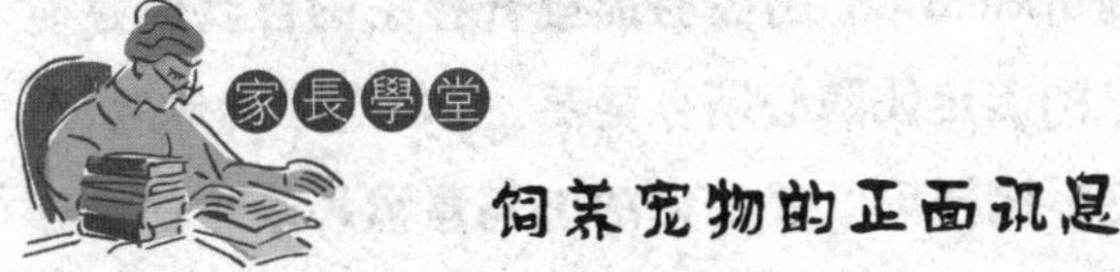

饲养宠物的正面讯息

孩子一般对动物都有兴趣。金鱼、乌龟、小狗、花猫、仓鼠、龙猫等,都是小朋友的心头好,往往央求父母购买饲养。对于家长来说,照顾孩子是头痛不已的工作,还要多加一缸金鱼或者一头小狗,简直是百上加斤,可是仍然不少家长抵不住孩子的哀求而就范。我们认为家长和孩子应该经慎重考虑后才饲养宠物，动物有生命、有灵性，饲养宠物必须付出爱心和承担责任，绝对不是一个轻率的决定。把动物视作玩具，三分钟热度过后，便将之弃置于街头的观念实在要不得。然而，若能把宠物照顾适当的话，孩子将会得益无穷。孩子从参与照顾动物的经验，学会关心动物的需要，并懂得承担责任、珍惜生命，以及增强同情心。饲养的宠物会因应主人的悉心爱护和照顾而快乐健康地成长，为家庭带来乐趣，这是儿童成长过程里很有价值的故事。

我们建议饲养宠物时，应注意以下三个大前提：

（一）孩子本身要对动物有兴趣，才会投入照顾饲养及负起责任。若孩子从无表示过想要宠物，千万不要送他一头小猫或者一只仓鼠做生日礼物，以让他有个惊喜。三分钟热度过后，受苦的是猫儿，受损的是对孩子在培养珍惜生命的态度上产生负面作用。

（二）饲养动物是一个长期的责任，不可一时冲动鲁莽决定养宠物。若孩子表示喜欢小动物，可以考验他喜爱宠物的持久力。例如先带他去参观动物园或爱护动物协会、探访有饲养宠物的家庭，及参考有关的图书和网上资料，让孩子多了解动物的实际生活和饲养所需付出的时间心血。家长不要因为未能即时满足孩子的要求而感到内疚。在成长的过程里，延后满足（delayed gratification）的经验能提升孩子的自我调控能力。得来不易的东西，带来的满足比随心所欲更高。在决定了饲养后，可带同孩子一起去选择宠物，这样可以提高他的参与意欲和承担的责任感。

（三）孩子必须参与照顾宠物，从中学习承担责任。家长应该与孩子订明共同饲养动物的责任。实际的工作可视乎家庭情况和孩子年龄而定。年纪较幼的小童可以帮忙喂饲或陪伴玩耍，年纪稍大的可以协助清洁护理工作。在照料过程中，孩子会慢慢掌握宠物的感受，代入宠物的角度去观察体验事物，这样有助培养同情心。家长在这方面作出适当的

引导，是十分重要的。例如提醒孩子："一家人要出外一整天，不如先看看彩雀有足够的食物和水好吗？""小黄狗今天没精打采的，可能是病了，要带它去看兽医了。""天气转寒了，猫咪会怕冷吗？""不要打小白兔，它会觉得痛，还有可能受伤呢。"

中国人一般希望孩子乖，视顽皮、不听话的孩子有问题。然而顽皮的孩子也有好几种：有些顽皮小孩天生好动活跃、精力过盛，往往坐不牢，对身边的事物很好奇，但他们对别人一般是善意，而没有刻意伤害别人或者破坏物件。这类精力过人的孩子，只要能提供足够机会和空间让他们活动，并对他们的言行作出循循善诱，随着年纪长大，他们的自我调控能力（self-regulatory control）提高，大都能如常人一般生活。须要留意的是：在这类好动的孩子当中，部分可能有注意力不足过动症（attention-deficit/ hyperactivity disorder），在心理学家或者医生诊断下或需进行跟进治疗和辅导。我们将会在第七章详细介绍这个症状。令家长和心理学家更头痛的是另一类顽皮孩子——带攻击性的孩子。攻击行为（aggressive behavior）指企图透过举动或者言语令他人受伤害。攻击行为是外导行为问题（externalizing behavior problem），包括过度活跃、反叛、违规、偷窃、逃学、打架等。这些行为通常外显性高并会伤及别人。另一类的儿童行为问题是内导行为问题（internaizing behavior problem ），包括退缩、害羞、不合群、怕事、忧郁、焦虑、自毁等。这些行为会伤及自己。无论是外导行为还是内导行为，都是孩子处理情绪的不良方法，家长和老师都应该关注。然而，因为外导行为伤及他人，通常较内导行为容易受身边成年人察觉和关注。

有些心理学家认为攻击行为是人类的天性。当人受挫而沮丧时，便容易产生攻击他人的念头（frustration-aggression hypothesis）（Berkowitz, 1989; Dolardl et al . 1939）。小童往往因为争夺玩具而拉扯推撞，此之谓

"工具性攻击"（instrumenta aggression），用意是透过攻击他人而达致企图，较多出现在年幼孩子当中。当孩子年岁渐长，攻击行为变成较多恶意性质（hostile aggression），目的纯粹为中伤或者伤害他人，以求发泄情绪，并多以吵架、言语攻击等方式进行（Mc Cabe & Lipscomb, 1988）。无论攻击行为是否属于人类天性，后天成长的栽培令一般人能控制自己的情绪而不会伤害他人。例如，在挤拥的公共汽车上给别人撞了一下，一般人都会感到不快，但大部分人都会作出忍让，以求息事宁人，唯有少数人会破口大骂或者动粗。这显示了攻击行为表现具极大的个人差异。在外国的研究中，一班40个同龄孩子内，往往只有四五名学生制造绝大部分的攻击行为问题（Perry, Kusel, & Perry, 1988），其他的孩子都能恪守规则，以礼相待。值得家长注意的是，攻击行为具有延续性。一项成长心理学的追踪研究发现，八岁时呈现高攻击行为的小童，当22年后长大成人，会较其他人多发生虐待配偶或者犯法勾当的情况（Husemann et al . 1984）。故此，家长须细心留意年幼孩子的性格行为，并及早处理孩子的攻击倾向。

4.1 "仇人"眼里出"暴力"

为何有些孩子较粗暴，容易攻击他人？从心理学的角度去看，攻击行为具有生理的成分。男孩子一般比女孩子较多出现肢体或者言语上的攻击行为，这是因为男性的睾丸素是激发攻击行为的催化剂（Harris, 1992）。然而女孩子倾向使用关系攻击（relationa aggression ），即以操控人际关系来打击不喜欢的人，例如排挤他人、讲他人的坏话等等（Crick & Grotpeter, 1995）。此外，孩子天赋的脾性亦与其攻击倾向有关。我们曾在本书第二章提及幼童的几种气质，其中可分为易抚育、难抚育和慢热三种。研究显示，六个月大的难带婴孩容易发脾气和很难安静下来，他们在三岁时亦倾向较容易紧张、好动和对他人产生恶意（Bates, 1987）。

这些证据足令心理学家留意生理因素及其对形成攻击行为的重要性。

从另一个角度去看，攻击行为来自个人对生活处境的理解，致令他推断对方带有恶意，故此以粗暴行径去作反击。这是社交信息处理理论(social information processing theory)(Dodge & Crick, 1996)对攻击行为的解释，近似"情人眼里出西施"的说法，即是不同人对同一件事可以有相异的看法。在一般生活情境里，我们常常忖度他人和自己的企图，并估计不同行为会带来的后果，从而选择恰当的行为策略。例如前面提及在公共汽车上的碰撞，一般人大多会视对方为无心之失，故此便无意追究。攻击性高的人却往往认为对方是恶意推撞自己，故此他们会粗暴相待，以讨回公道及弥补损失。又例如：小明在玩积木时，看见小强走近，小明这时心里会有何想法？其中一个可能性是，小明想继续玩积木，他亦忖度小强大概想加入，若与小强一起玩的话，也许二人可以合力砌出一座大城堡。于是小明开心地邀请小强加入一同玩耍。这是大团圆结局的例子。可是，若小明认为小强走近是为了抢去或者推倒积木的话，他的行为反应便不一样。小明会大力推开小强，阻止他加入，好让自己独占积木。由此可见，在同一处境内不同的想法会带来不同的行为后果。社交信息处理理论的重点在说明孩子如何理解当时的情境。具攻击倾向的孩子往往在社交情境中重视对自己有利的目标，轻视与他人和谐相处的好处，并认为他人带有恶意的企图。从众多的反应策略当中，这些孩子认定攻击行为会为自己带来好处。这解释了为何好勇斗狠的青少年常在街上一言不合便争执起来，他们往往认为他人的目光带恶意，遂推断对方动机不良，唯有透过挑衅对方的粗暴行为，好让自己占上风。

我们如何理解社交情境和怎样选择行为策略，是受很多因素影响的。这些因素包括过往的家庭和群体的经验、对这些经验后果的期望、对社会规范的掌握和认同、情绪反应以及对情绪调控（emotiona regulation)的能力等。孩子在充满爱心的家庭长大，一向相处的都是友善的人，他自然会倾向理解他人的企图和行为是善意的，遂而在社交场合中待人宽容有礼。倘若孩子在终日吵闹的家庭中长大，身边的人都是各怀鬼胎、各有所求，并以粗暴的行径处事的话，小孩便容易把他人视为恶意，并认定攻击行为会为自己带来好处。故此，家庭气氛是影响孩子出现攻击行为的一大因素。

4.2 处理攻击行为

既然攻击行为自幼有迹可寻，家长必须尽早处理孩子的攻击倾向。一旦粗暴行为成为惯性的话，便难于改变。家长应特别注意以打骂方式来管教子女，对改变攻击行为无大效用，反之更增强了粗暴行为的示范作用，令孩子错误以为暴力是解决问题唯一可行的方法。我们在此借用谢弗(Shaffer,2002)的见解，来提出三项减少攻击行为的建议：

(一)家长应帮助年幼孩子理解社交处境，教他代入他人情况去考虑对方的看法和企图。这样便能增加子女的同情心，减低对他人的恶意猜测，进而减少攻击行为。例如孩子被弟弟放在地上的小汽车绊倒，不禁恼羞成怒地追打弟弟泄愤，这时家长应首先呵护孩子的伤痛情况，让他知道爸妈体会他的心情，然后向孩子解释："弟弟并不是故意绊倒你，他只不过是无心之失，故此不应对他报复。早几天玩得高兴时，一时忘形地便把玩具放到地上去吗？以后大家都应小心处理玩具，以免有人受伤。"这种处理方法令孩子知道父母体恤自己，同时亦能帮助他从正面的角度去理解情况，自然不会做出粗暴行为。

(二)年幼孩子往往会透过攻击行为去达到目标(如：得到玩具)或者引起他人注意。因此，切勿让孩子得逞及养成习惯，粗暴行为一旦出现的时候须立刻制止，告诉孩子这样做是不对的。同时，家长应注意孩子的亲社会和利他行为(如：分享、助人等)，并加以鼓励。这样做，孩子才能掌握正面行为,令攻击行为因达不到目的而吸引力大减。如果孩子情绪激动的话,家长可考虑把子女带离现场(如:把他带到另一个房间),并让他独自冷静下来。这样的离场法(time out)把孩子抽离,并令他无法产生攻击行为的环境,令他无法以粗暴行为待人。这个方法与“关黑房”不同。“关黑房”是营造一个惊吓环境,令孩子因害怕黑暗而就范,离场法是中性的处理,让孩子有平静情绪的机会。

最后,家长应积极营造良好的家庭气氛。所谓“家和万事兴,家衰口不停”,家人之间应相亲互重,并以心平气和的商议方式去解决争执,无须诉诸武力。亲子关系和家长所起的示范作用,会深深影响孩子的行为。家长亦须注意日常生活暗藏的暴力讯息。以打杀伤人作主题的玩具和电脑游戏都值得家长关注,避免过分地渲染攻击打斗。此外,大众传播媒介(如:电视节目、杂志等)对孩子的影响亦不容忽视。在以下的最后一个章节里,我们将深入探讨大众传媒对品格成长的影响。

5. 近墨者黑

早一阵子,广东南音在香港大行其道,七八岁小童也琅琅上口,哼几句:“凉风有信,秋月无边。”南音曲调一向以悲怆凄凉为主,本非孩子的兴趣,但凭着一出大受欢迎的电视剧的推动,能令原本没趣的东西变成极有吸引力。这正好显示出传播媒介的魔力。

现代社会资讯科技发展一日千里,我们进入了资讯爆炸的年代,身边无时无刻不受各式各样的传媒资讯所包围着。电视、电影、报章、杂志、互联网为大众迅速带来的讯息,同时亦是主要的消闲渠道。传媒的运作是以自由开放为主,这是现代社会的一大特色,亦是公众认为需要坚守的基本原则。自由开放的言论能保障社会的人权、平等和公义,然而却令家长对未成年子女接触无边界的传媒资讯而大伤脑筋。色情、暴力、黑社会等等不良资讯,会令孩子在不知不觉中习染了坏品德。香港电视剧《齐天大圣孙悟空》中用了粗鄙的口头禅，被广播事务管理局批评为对儿童造成不良影响。如何处理子女与传媒的接触，成了家长的重大挑战。在此节让我们先分析传媒的本质，理解它如何发挥其魔力，继而讨论指导子女接触传媒的方法。

5.1 传媒的魔法

大众传媒带有多种功用，其中最重要的是带来最新的资讯及提供消遣娱乐。我们透过报章、电视、互联网，可以足不出户而知天下事。2001 年 9 月 11 日早上，在美国纽约世界贸易中心发生恐怖袭击事件，我们身处万里外得以目睹这件惨剧发生和感受恐怖主义的可怕，全赖电视的即时转播。互联网的发展更令资讯流通的程度以几何级数增长。然而大众传媒提供大量的资讯，当中良莠不齐。不少危言耸听的传闻讹言亦很容易透过互联网传送，如 2003 年 4 月非典型肺炎在香港肆虐，有人趁机透过互联网散布香港成为疫埠的假消息，令不少市民到超级市场抢购白米和食油。由此可见误用传媒资讯的祸害。

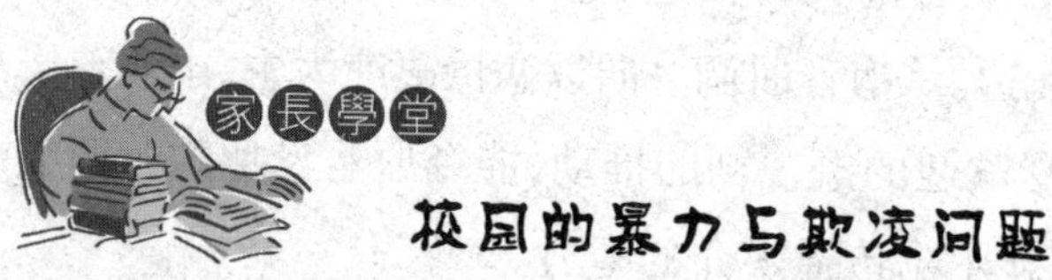

校园的暴力与欺凌问题

学校里有一两个小霸王，便容易出现暴力与欺凌的问题。长久以来，家长和老师往往忽视了校园的暴力与欺凌事故，他们认为孩子间的争吵是平常事，无须大惊小怪。但殊不知道欺凌与一般的争吵不同。争吵中的双方通常力量相等，但在欺凌事件里，欺凌者与被欺凌者之间存有不平衡的力量，力量较强的一方伤害力量较弱的一方。家长和父母如果任由欺凌问题出现，无论是对欺凌者还是对被欺凌者而言，都有长远的负面影响。一个追踪研究发现：欺凌者在成年后比同龄人有更高的犯罪率(Olweus, 1993)。而被欺凌者往往因长期受威吓、迫害，而变成没有自信心和安全感的人。

当家长发现孩子在学校里有欺凌行为时，该怎么办？

(一)不要打骂孩子，家长以暴易暴只会造成坏榜样。家长先要自己冷静下来，引导孩子说出真相。孩子可能会否认，或沉默不语，家长可以容许他有一些静默时间。若孩子在数分钟内都不说话，家长可以说出自己所知道或观察到的事情，并表示关心。例如，家长可以说："我听说你和某某发生了一些不愉快的事情，详细的情形是怎样的？"

(二)如果孩子不断投诉受害人对他挑衅，家长要接纳他的不平感受，但必须强调受害人受到了他的伤害，更加不好受。

(三)引导孩子认识到自己的行为不对，并且欠了受害人一个歉意。

(四)请孩子反省可以做些什么事来帮助受害人，协助孩子执行他自己提出的建议。

(五)长远而言，与学校的老师一起制定统一的管教策略，以监察和矫正孩子的行为，并且设法从正面培养孩子的社交技巧、控制情绪的能力，以至应付冲突和解决问题的能力。

(六)如果有需要的话，可以请学校的老师为孩子寻求学校社工或教育心理学家的辅导服务。

另一方面，当家长发现孩子在学校里被欺凌时，该怎么办？

(一)营造一个安全的环境，鼓励孩子说出感受。受惊的孩子可能需要一些静默的时间，家长不要心急。以温和和关心的态度让孩子知道你愿意帮助他，千万不要以怀疑的态度来盘问孩子的遭遇。

(二)当孩子说出了事情的经过和自己的感受后，家长要安慰孩子总有办法改善目前的情况。

(三)与孩子商量各种改善的途径，向孩子保证你会为他的安全作

出安排，如：联络老师、接送他上学等。

（四）与老师联络，请老师接触欺凌者，了解事件并作出跟进的工作。

（五）长远而言，与学校多沟通合作，督促和协助学校营造和谐融和的校园文化。此外，更要教导孩子保护自己，让他懂得在什么时候说“不”，而且懂得运用适当的社交技巧解决人际间的冲突。

（六）如果有需要的话，也可以请学校的老师为孩子寻求学校社工或教育心理学家的辅导服务。

大众传媒的另一重要功用是提供消遣娱乐。电视、杂志、互联网是现代生活的主要消闲渠道，当中尤其以青少年为甚。传媒提供单向被动式娱乐，无须观众参与及思考。电视因其便利条件，更容易吸引儿童、青少年及老人家等较多在家时间的年龄组别。久而久之，观众倚赖被动式休闲活动，对其内容及传递的讯息不假思索地全盘接受，并且虚拟自己参与电视中的情境。对于入世未深的年轻一辈来说，容易误会传媒所显示的是真实世界。例如：电视剧中的“医生律师”在下班后，通通都会到酒吧消磨时间。说穿了，是因为酒吧餐厅的场景方便拍摄制作。又例如：周刊杂志常吹捧名人不惜千金抢购名牌衣物，原来这些商品都是杂志的主要广告客户。为了保护孩子的心灵，有些家长企图完全禁止子女看电视、电影、杂志，这种做法是有点因噎废食。这种做法只能在家中起作用，当孩子在学校又或者与同伴一起时，他们难以抵挡大众传媒的冲击。故此，指导子女如何正确地使用传媒才是更切实的做法。

5.2 耳濡目染：观察学习论

从心理学的角度来看，传媒对儿童、青少年的影响基本上来自观察学习（observationa earning）。简单来说，观察学习就是模仿，透过观察身边的人或者电视的虚构角色等习染其言行举止。模仿是人的天性，例如，牙牙学语的孩子学哥哥般拿着笔在白纸上涂鸦写字，初中生模仿杂志里的明星悉心打扮。心理学家班图拉（Bandura, 1977）指出观察学习包含一套复杂的机制，以认知能力以及对奖赏惩罚的反应来解释学习新行为的过程，当中有四大环节：（一）注意（attention）；（二）保存（retention）；（三）行为表现（production）；（四）动机（motivation）。让我们透过这四个环节去理解传媒的魔法是怎样练成的。电视能成为流行的大众传媒，正因为它在观察学习的四个环节具备了有利因素。

观察学习基本上源自对他人行为举止的留意和专注，并将其保存在记忆中，这是学习过程的首两个环节。电视无处不在，不少家庭拥有多于一部的电视机，在注意和保存方面绝对占优势。当中电视广告因为不停重复播放，更强化了保存作用，令广告内容轻易成为孩子的模仿对象。电视扩阔了孩子的社会接触面，令孩子接触到原本不在他日常生活范围内的事情。从正面角度去看，孩子可以透过电视观赏奥运会赛事、目睹火山爆发的情况，能令他的知识提升。然而，从另一角度来看，电视剧集不少讲及婚外情、滥用药物或者虐妻行为，这些都是家长未必想让孩子过早注意和认识的事情。故此家长须多留意孩子所观赏节目的讯息。

能否将注意和保存着的讯息重演出来，得视乎观察学习的第三个环节——学习者有没有相应的技能。复杂的行为无法单纯透过观察而习得。例如一名男孩子非常崇拜英国足球名将碧咸（又译贝克汉姆），他经常留意电视转播的球赛以及报章杂志有关球星的报导，很容易便模仿碧咸的衣着打扮，但他绝对没法透过电视转播去掌握碧咸的球技，因为他没有相应的技能。但如果观察碧咸的是巴西国脚朗拿度的话，效果便截然不同，因为朗拿度本身有一定的球技根底，他便较容易从观察中模仿他人的踢法。越是简单直接的行为，便越容易透过观察去习得。娱乐性丰富的电视节目，其内容多涉及简单的语句动作、琅琅上口的歌曲或者炫目的打扮修饰，这些都是容易习得而不费特别技能的行为，由此可见电视的渲染能力特强。

观察学习的最后一个环节是动机，所谓万事俱备，只是独欠东风而已。学习者经过注意、保存的过程，亦具有表现行为的技能，但必须同时有动机去把学习的成果表现出来。动机可以是来自行为本身，学习者认为该种行为很有用，很有趣，他便会有兴趣去尝试。动机亦可以来自外间，由他人鼓励或奖赏，而激发他表现该种行为的意欲，这在心理学上称为强化机制 (reinforcement)。又或者学习者透过观察模仿对象的行为，并注意到模仿对象因此而得到鼓励和奖赏，这种感应式强化机制(vicarious reinforcement)同样有效。动机是心理学里很重要的课题，我们将在第七章就学习动机作详细讨论。电视内容大多生动有趣，极尽吸引的故事，故此能引发一定程度的内在动机。电视节目的观众万千，孩子容易透过与他人倾谈节目内容而产生共鸣，这种社交效应亦是产生模仿的动力之一。总结来说，从观察学习的机制来看，电视的确有其巨大的魔力。

5.3 电视是否有害？

自从电视广播开始普及后，不少人皆有兴趣钻研电视节目内容对孩子品格成长的影响。当中包括电视节目中所塑造的性别角色或者种族歧视、广告中所宣扬的消费意识等。心理学家特别关注电视中出现的暴力镜头会否令孩子学坏。香港电视剧集一向充斥着武打场面、警匪混战等内容，而且往往都在黄金时间播放，令家长担心这种节目给子女带来不良影响。

班图拉最早于20世纪60年代进行一连串研究（Bandura, Ross, 1963)，以探讨电视节目暴力内容的影响，其中一项是个有趣的实验，以模拟的方式去了解观赏暴力镜头对孩子的影响。他把一群年约四岁的小童分成四组,除第四组外,其他三组的小童均获安排观赏短片,内容分别为:(一)一名小孩粗暴对待吹气不倒翁,对之拳打脚踢,之后吃曲奇饼作点心;(二)同一名小孩粗暴对待吹气不倒翁之后,被人责骂;(三)同一名小孩和吹气不倒翁玩耍,没有粗暴行为出现。短片放映完毕之后,四组小孩被带到游戏室玩耍,内里有一个与短片内一模一样的吹气不倒翁。究竟这四组小孩会怎样对待不倒翁?班图拉发现在这段玩耍时间内,四组之中的第一组小童出现最多的粗暴行为,对不倒翁拳打脚踢。这符合了观察学习论说的看法,第一组的小童透过影片内容,知道粗暴行为之后会得到点心作奖励,故此透过感应式强化机制,他们出现较多的攻击行为。这项研究的结果令公众关注电视、电影内出现的暴力镜头,特别是以宣扬施行暴力者为英雄的电视内容,其荼毒青少年心灵的祸害更大。香港盛行的黑社会电影,往往吹捧好勇斗狠的不良分子为英雄,特别值得家长关注。

继班图拉的实验后,不少研究亦证明攻击行为与观赏含暴力成分的电视节目有关系(Bushman & Huesman, 2001; Eron, 1982; Geen, 1998; Huesmann, Lagerspitz, & Eron, 1984)。观赏电视暴力令孩子的攻击倾向增强,进而提高了对暴力节目的兴趣,导致更多的暴力行为,这样便构成了一个恶性循环。传媒暴力的另一祸害是孩子对暴力事件渐感麻木(Thomas et al . 1977)。长期面对电视、报章、杂志不断描绘暴力事件,孩子在不知不觉中接受暴力为生活中的一部分,并认定攻击行为是一种合理和正常解决问题的方法(Donnerstein, Slaby, & Eron, 1994)。故此,就算孩子没有呈现粗暴行为,他们对暴力的麻木容忍态度亦令人担忧。家长须慎防看似家庭娱乐的电视节目,也可能"暗藏杀机"。例如在香港大受欢迎的"奖门人"系列电视游戏节目,当中一些环节以虐待他人为乐,如:吃芥辣寿司、负重在满布卵石的地上竞走等,透过制造痛苦引来旁观者嘻哈大笑。这种内容鼓励间接的攻击行为,实在值得商榷。家长与子女收看此类节目时,应激发孩子的同情心,鼓励子女理解参加者的感受,并应提出绝对不能在对方不愿意的情况下进行类似活动。

5.4 家庭里的传媒教育

面对五花八门的媒体与信息,家长有不知从何入手的感觉。正因如此,我们更需要装备下一代,提高他们的传媒启悟 (media iteracy),令他们成为精明的传媒使用者。首先,家长必须认定传媒在家中的位置和任务。电视和其他媒体均有其信息及娱乐作用。对不同类别媒体的使用次数和时间,要因应其功用而作出明智的选择和安排,不要让电视或者互联网任意占用子女的空闲时间。这样的做法是从观察学习中的注意和动机两个环节着手。不少家长利用电视、互联网或者计算机游戏作鼓励子女的奖品,例如:"考试得九十分以上便让你整个周末玩计算机游戏。"这种做法其实是暗地里认同甚至强化媒体的娱乐价值和吸引力,有其商榷的余地。反之,家长须因应子女的年纪及兴趣,预先与孩子约定使用媒体的种类、内容、时限和次数,协助孩子建立自我调控行为的能力。此外,父母以身作则,示范使用媒体的良好习惯,亦能协助子女内化这种行为。

家长亦应保持开放态度,参与子女的媒体活动。例如:一同收看喜爱的电视节目、参与常玩的电脑游戏等,一来这样令亲子有共通话题,子女亦乐于与爸爸妈妈

分享自己喜爱的活动，促进亲子关系；更重要的是透过参与，家长才有机会了解这些媒体对子女的影响，并且与子女讨论媒体内容时，从中启发他们对这些讯息的反思。媒体发展日新月异，MP3、ICQ、PS2 等利用数码科技的潮流玩意，对孩子具有极大吸引力。家长也得恶补这方面的媒体应用，起码掌握其基本用途。有时不妨向子女请教媒体的使用方法，这样才能了解孩子的日常活动，并与孩子有沟通的话题。

6. 小结

面对复杂的社会环境，父母须提防孩子误入歧途。我们在此章集中讨论了道德判断、同情心、利他行为、攻击行为以及传媒影响几个重要范畴。当中勾画了构成行为的两大元素：思维发展和环境培育。人是思维的动物，思想、行为以及情感三个基本环节是互相紧扣的。而身处复杂的社会环境当中，思维更起了重要的结合作用，牵动着行为情绪。本章开始时，我们提出了人性本善本恶的争议。尽管这个争议未有定论，但及后的讨论显示人性有极大的可塑性。家长、学校、社会、传媒都起着极大的影响力。本书两位作者作为教育工作者及心理学家，都认为好丑绝非命生成，孩子学好学坏是多元因素的配合而成，家长绝对不能轻视自己的责任。

第四编

进取能干的孩子

在前两编里，我们讨论了怎样培养开朗合群和正直自主的孩子。但光是在情绪、个性、群性以至品格修养上有良好的发展，还是未足够。为人父母者，谁不希望自己的孩子聪明伶俐、积极能干、将来学有所成？在这一编里，我们正是要和家长讨论怎样才可以促进孩子的学习和培养他们的能力。其中包含两个章节："幼儿的认知发展"和"儿童及青少年的学习"。前者从成长心理学的角度讨论幼儿的思维和语言发展；后者从教育心理学的角度探讨智能发展、学习动机，以至孩子在学习上的困难。我们希望这些讨论能让父母知道如何协助孩子长知识、长能力、长斗志，培养他们成为进取而能干的人。

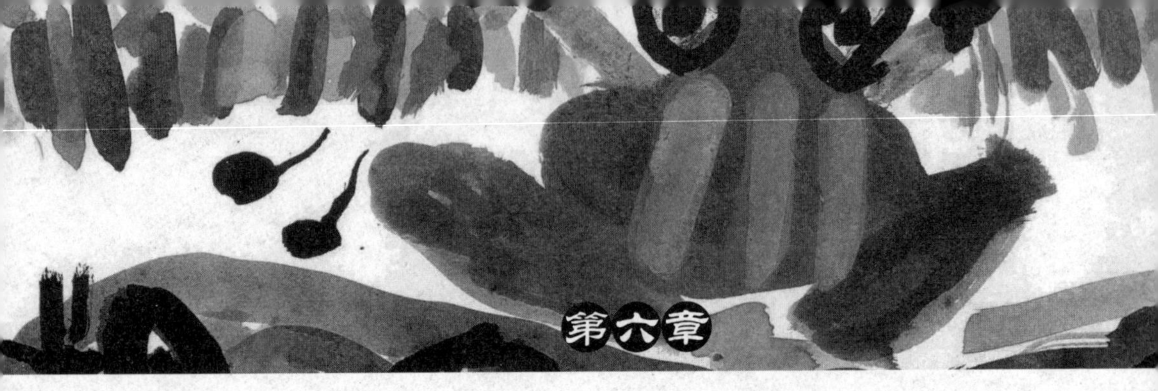

幼儿的认知发展

报章教育版常有升学信箱,为读者解答有关选校的疑难。有不少家长去函询问有关选择幼稚园的事宜，特别是对如何晋身著名小学有兴趣。这个现象反映了香港家长对子女教育的关注。重视教育是中国传统文化的特色,寄望子女成材是千古不变的父母心。然而我们认为在幼儿阶段,学习的重点不只是培育知识和技能的增长,同时亦应着重认知发展的两个环节——思维发展和语言发展,两者均为重要的学习基础。在这一章内,我们会以现代成长心理学的观点来讨论这两个课题。有关思维发展的讨论，我们会引用皮亚杰及维果斯基两位著名心理学家的学说。透过这章的讨论,希望能对父母栽培子女的认知发展作出建议。

1. 思维的晋阶

皮亚杰的理论（Piaget & Inhelder, 1969; Siegler, 1986; Wadsworth, 1989)可算是20世纪心理学界的一大成就。他的认知发展理论深深影响着现今教育的看法，引发了以学生为中心及以启发为原则的教育理念。基本上,皮亚杰认为孩子都是小科学家,对世界充满好奇,像块小海绵般不停地吸收新知识，让自己的思维得以发展。在接受知识的过程里,孩子会利用自己已掌握的知识概念去理解世界的不同事物。然而当面对的事物是出乎孩子的知识范围之外的话，这新鲜事物便会带来冲击,小脑袋便要用新的知识概念去理解新事物。这样的思维过程,皮亚杰称之为“同化(assimilation)与调适(accommodation)”。

岁半的宝宝知道什么是小狗,因为邻家有一头。那狗儿长得活泼可爱,毛茸茸的,有四条腿,一条尾巴。在宝宝的知识概念中,小狗就是这个模样。在公园里,宝宝碰见其他狗儿也会懂得指着说:“狗狗!”这种现象就是同化:孩子用原有的知识概念理解新的事物。但光是有同化,新知识亦不会产生,除非孩子同时有调适。一天,妈妈带宝宝探访姨姨。姨姨家里养了一只猫,它长得活泼可爱,毛茸茸的,有四条腿,一条尾巴。宝宝看了,也指着说:“狗狗!”噢!糟糕!同化不管用了。在这个情况下,宝宝用原有的知识概念理解新的事物,产生错误了。妈妈笑着说:“宝宝,你错了,这不是狗狗,是猫猫!”宝宝最初有点迷糊,但他很快便发现邻家的狗儿汪汪叫,姨姨家里的小东西虽然也是毛茸茸的,有四条腿,一条尾巴,但却咪咪叫。宝宝最终明白了:毛茸茸的,有四条腿,一条尾巴,汪汪叫的是狗狗;毛茸茸的,有四条腿,一条尾巴,咪咪叫的是猫猫。以上这种改变小脑袋里的知识概念以理解和接纳新事物,就是调适。

原来,知识的产生是一个同化与调适不断轮番出现的过程。其实不单只是幼儿是这样学习新事物,就算是成人也是透过这样的一个过程获取新知识的。例如成年人学习英语,最初的时候总会以中文的文法结构来写英语,写出像 long time no see(很久不见)、peopl emountain people sea(人山人海)等啼笑皆非的语句。以中文文法写英文,这是同化。但这样的同化用得不恰当,结果闹出笑话。如果初学者知道出错了,便会找出问题所在。待他分辨清楚英语的句子结构时,他便完成了调适,脑袋内多了英语的文法知识。

加数的疑惑

在开往九龙塘的小巴上，一位爸爸带着看来不足六岁的儿子，往该区的著名幼稚园上学。这位热心的家长，不忘利用短短的十多分钟的车程为儿子温习功课。儿子刚在学校学懂个位数加减法。以四五岁的年纪来说，这是了不起的成就。

“六加三是多少？”这位爸爸问。

儿子的答案快而准：“九！”

“对。那么，三加二等于多少？”

“五！”

爸爸很满意儿子的表现，并决意要挑战儿子的智能。

“六加上什么等于九？”

儿子搔着头，一脸茫然的样子。

爸爸耐心地教导：“刚才不是计算过，六加三等于九吗？那六加上什么等于九？”

记性好的儿子立刻抢着答：“三！”

“对。再来一题：三加上多少等于五？”

儿子又搔起头来。

这位爸爸开始失去耐性，心里嘀咕着孩子不专心学习，这么简单的数学题也掌握不了。

不少家长也面对过类似的场面，一旦孩子的学习表现不如理想，便会抱怨孩子懒惰、不专心，或者担心孩子天生资质鲁钝。不过，这种情景

有可能是父母不明白孩子的学习历程和智力发展。以幼稚园的年纪来讲，"3+2=5"这类运算所需的智慧已是殊不简单，要算出"3+?=5"这看似简单、实则复杂的算题一点也不容易。在父亲的提示下，他能成功回答第一条的问题，这全凭他的记忆力。孩子并没有完全掌握这类运算的窍门，即是把这个运算逆转成为减数题，从"5-3"中求得"2"这个答案。这种逆转思维是超乎四五岁孩子的能力的。根据心理学家皮亚杰的看法，不同发展阶段的孩子的思维能力是在本质上不同的。任凭师长如何努力指导，孩子也无法理解和掌握超乎他现时认知发展阶段能力的运算。

同化与调适是人们获取知识的过程，无论小孩和成人都是这样学习新事物。然而，尽管过程一样，但小孩和成人的思维方式和认知能力则很不同。孩子的思维方式和认知能力有限，但随着年岁日增，他们的思维方式和认知能力便一天比一天精锐。皮亚杰认为人的智能发展从婴儿开始至青少年期，经过四个不同的阶段拾级而上。每一个阶段均有其思维方式和认知能力的特色。发展的过程是生理成长加上环境经验的成果。我们将在以下逐一介绍四个认知发展阶段的特色。

1.1 感官活动思维期（Sensorimotor Stage）

初生婴儿凭着五官感觉和四肢活动的能力去理解世界，这是皮亚杰所谓的"感官活动思维期"（sensorimotor stage）。把叮叮响的小玩具放在婴儿眼前，小宝会伸手去要，然后放在口中去咬。

"这东西味道怪怪的，还是硬邦邦的，多咬它几口，看看会如何？"

婴孩大概心里是这样想。初生至约两岁婴儿未懂言语前，只能凭着视觉、味觉和触觉去理解感受这个世界，任何双手可以触及的东西都放进口里去尝尝看。待小宝的身体活动能力提高,可以四处走动和把弄对象,理解周遭环境事物特性的能力亦随之提高。

“这个家伙掉在地上会跳起来,把它扔出去还会滚得老远,让我把它掷向电冰箱看看会怎样?”

如此这般,小孩掌握了皮球会弹会滚的特性。同样道理,幼儿透过接触日常生活的事物而逐渐对事物的运作产生初步的理解。

1.2 前运思期(Pre-operationa Stage)

大约到了半岁至两岁的时候 ,幼儿开始牙牙学语,这是思维发展的一个里程碑。由此,孩子开始运用语言这套抽象符号去理解世界,语言能力亦令孩子以更复杂和抽象的方式去表达自己及进行思考。这是思维发展中的“前运思期”(preoperationa stage),一般在二至六岁左右的期间。然而皮亚杰认为前运思期孩子的思考能力有限,故此容易犯上看来很幼稚的错误。

来访家中的客人带来一盒精美的朱古力曲奇饼,但内里共有三块饼。姐姐眼疾手快地拿了两块,三岁的凯丝见只剩下一块给自己,觉得姐姐拿走的曲奇饼比自己的多,便随即大发脾气要抢去姐姐手中的其中一块。妈妈二话不说,把之前余下的一块曲奇饼掰开两半。“看,你也不是有两块吗?”凯丝随即听话安静下来。

凯丝智力没有问题,她只是因为年纪尚幼的关系,没有皮亚杰所言的“守恒”观念(conservation),即物件的本质不因其外观改变而产生变动。我们知道,一块曲奇饼掰开两半其实还是只有一块的分量,但凯丝和其他前运思期的孩子往往受表面数量所误导，认为一块已变成两块，没有考虑到这“两”块曲奇饼根本是从一块转变而成。孩子欠缺了逆转能力（reversibility），无法想象两块掰半的曲奇饼可以还原成为一块。类似的思想谬误还包括以为同一份量的橙汁放在窄身水杯中会较放在阔身水杯中的为多，因为窄杯身令液体的水平线较放在阔身杯内的显得高。

这些有限思维的特色，也包括从自我观点出发（egocentrism）、以为对象赋有生命（animistic thinking）和缺乏阶序分类（hierarchica organization）能力。前运思期孩子一般从自己的观点出发，故此往往“你”“我”不分，容易闹笑话。例如，幼儿园老师常遇到这样的学生投诉：“先生，李俊杰同学刚才扯着‘你’（我）的外衣。”此外，四五岁的孩子亦不大会处理含类别的课题，像“这里有四个黄气球和七个红气球，究竟是红气球的数目多，还是气球的数目多？”这类问题，不少孩子未能掌握“气球”这较高层次的类别概念包含了不同颜色的气球，他们单从可见的数量去看，便误以为“红气球”较“气球”多。从皮亚杰的角度看，孩子发生这些错误是正常发展的表现，家长无须紧张急于纠正。随着身体成长和生活经验的累积，孩子自然会克服这些困难。

1.3 具体运思期（Concrete Operationa Stage）

思维发展的第三个阶段是“具体运思期”（concrete operationa stage），泛指小学阶段孩子的思维能力。这个时期的孩子一般均已掌握守恒原则，故此不能再用窄身杯载饮料等错觉技巧来蒙骗他们。小学生已具备一般日常生活所需的思维能力，能恰当处理各种资料讯息，所犯的思维谬误较前运思期的已大大减少。他们就像一片干涸的海绵，可以吸收大量的知识，他们特别有兴趣猜谜语、看小侦探故事等。早前香港电视台流行的“百万富翁”问答游戏节目，不少忠实观众便多是小学生呢。然而他们的思考能力仍限于具体实质的事物上。

1.4 形式运思期(Forma Operationa Stage)

抽象及复杂的高层次的思维能力是“形式运思期”(forma operationa stage)的特色。这一阶段也是思维发展的最后一个环节,其中包括了逻辑推算(“甲星球的生物皆是绿色,而这只生物是白色,那么这只生物一定不是来自甲星球”)、对哲学课题的思索(“民主和经济发展是否可以两者并存?”)、抽象符号的运算(“-1 开方根的二次方(-1)是多少?”),以及对自己的思维成果和过程的反思和估计(“我刚才走的几步棋子犯了什么错误?若我改走另一步时将会如何?”)。

1.5 皮亚杰的启示

皮亚杰所提出的思维发展阶段论,有两项重点。首先,思维发展建基于同化与调适的过程中。孩子生来对周遭事物充满好奇感。家长应把握着这个天性以促进认知发展。让孩子多接触不同的事物,鼓励他们发问,并与孩子一同思考研究事物,这才会造就同化和调适的机会。孩子的小脑袋有时会出现一些古灵精怪的问题,如:“为什么天总是‘下’雨?雨点会不会从地上向天空飘?”或者“小花猫为何不用穿衣服?”等,有些家长可能会急于提供答案,而另一些家长可能会不胜其烦或者觉得孩子的问题无聊而不予理会。其实,这些古灵精怪问题是很好的思维游戏,家长应掌握这些机会和孩子一起去思考研究答案:“雨点向上飘的话,会发生怎样的情况?”“有什么东西是从天空中往上飘?雨点跟这些东西相似吗?”“小猫身上的毛跟我们的皮肤有何不同呢?”“小猫要穿衣的话,应穿什么衣服?”“衣服有什么作用?”思维能力和知识就在这种推敲和追寻答案中得到提升。若是家长急于对每个问题都直接提供答案的话,会限制孩子主动思考的空间,妨碍了同化和调适的发生,孩子的理解和掌握都可能打折扣。

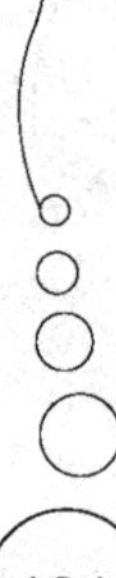

第二项重点是皮亚杰理论勾画了不同发展时期的思考特色，指出了发展的先后阶序。培育思维发展必须以此为纲，配合孩子当前的思维能力，避免揠苗助长。对家长而言，要点是培养孩子对周遭事物的兴趣，透过日常生活中的不同环节去激发孩子的思维。这里让我们以替孩子选择玩具作例子，看看如何可以在日常生活中运用皮亚杰的理论。从皮亚杰的角度来看，玩具应与孩子有互动性，让孩子可以透过操作玩具而带动思考，这样便能导致同化及调适。坊间很多看来美轮美奂的玩具，如设有路轨的嘟嘟电动火车、会发闪光的铁甲万能侠、穿漂亮衣服的洋娃娃等，大多售价不菲，只是买回家后只不过数天的时间，孩子便失了兴趣，家长破费之余还得伤脑筋找地方安置。这些玩具的毛病往往出于只能让孩子观赏，又或者只有一两种玩法，故此很容易令孩子生厌。其实，这些精美玩具本身很有创意，由设计师费尽想象力，透过同化和调适的过程炮制出来。然而这些创意思维的成果却没有提供机会让孩子思考和发挥想象力，失掉了玩具的本意和作用。反之，积木、颜色笔、泥胶、七巧板、折纸等简单玩具则强调小孩的参与互动，能创出千万变化的内容，带来无限的乐趣，亦能配合皮亚杰的认知发展理论内的同化调适效应。然而，现代孩子见惯了各种古灵精怪的玩具，一下子未必愿意接受颜色笔、折纸之类的平庸简单玩具，在这种情况下，家长的参与和鼓励十分重要。试试和孩子用白纸画笔来共度一个下午，一起涂涂抹抹、折折叠叠，不单可以发掘思考创意的乐趣，亦能促进亲子感情。

此外，家长可能留意到不少玩具订明岁数范围作参考指引。从皮亚杰的角度来看，适合两岁以下婴儿用的玩具包括色彩缤纷及会发声的风铃、能滚动的皮球及可供把玩的积木，以刺激他们的感官和活动能力。前运思期的孩子可以玩简单的纸牌游戏如配对等，亦适合用绘画笔及有代入模仿性质的玩具（如：胶制厨具或工具）等，以迎合孩子的抽象符号思维发展。具体运思期或以后的孩子对棋类、大富翁之类的纸板游戏有兴趣。选择电子游戏亦应视乎其内容和所需的思维能力,如:孖宝兄弟之类以走动、攻击为主的游戏,一般在前运思期的孩子便能明白游戏的内容,而当中所需要的手眼配合及活动反应,则可以靠经验练习累积所得。至于太空战士 Fina Fantasy 等角色扮演游戏,需要代入他人情境及运用不同的策略,故此较适合具体运思期以上的孩子。选择合乎思维程度的玩具能令孩子更有效地掌握游戏的窍门,增加玩具趣味和所带来的满足感。

2.发展的空间

另一位对近代教育思潮影响深远的心理学家是俄籍的维果斯基。他认为思维发展不是单靠个人,而是根源于社会生活环境(Vygotsky, 1978)。孩子在日常生活与他人的接触中,通过运用语言及数字,来令思维得以发展。孩子因而逐渐掌握社会所需的复杂思维技能,进而适应充满挑战的成人社会。维果斯基特别强调群体互动以及语言对孩子思维发展的重要性。

维果斯基最受人注目的论点是近距发展区(zone of proxima development)(Mo, 1990)的论说,我们亦曾在本书第三章作简略介绍。这个论说所指的是当孩子与成人或者比他能力好的孩子合力的时候,他可以处理更高层次和更复杂的思维。例如一般四岁的孩子可以单独完成约 20–30 块的砌图,但当家长或者兄姊与他合作的时候,便能完成 50–100 片的砌图。累积了这种成功经验之后,孩子便逐渐能够独自处理该种较复杂工作。换句话说,与他人合力时产生了近距发展区,令孩子的智能发挥提升至更高水平。

维果斯基的论说启示了家长及其他人对孩子思维发展所起的鹰架作用(scaffoding)(Berk & Winsler, 1995),透过合作学习(cooperative learning)以及利用讨论来构成学习的基本工具。从家长的角度去看,与子女一同游戏，如：合作砌积木、玩拼字游戏(Scrabble)、猜谜语、纸牌游戏等，提供很好的机会去发挥鹰架作用，要点是家长与子女分享自己的思维方法，并以诱导方式去启发子女的思考，注重游戏过程的乐趣而非结果胜负输赢。家长慎防为了尽快完成游戏而占了主导角色，应该提供机会让子女一同参与，并鼓励他们一同思考，不要让孩子倚赖父母提供答案或者完成游戏。

学速算法、记忆法是否有用？

坊间有不少课程、练习班或出版物以锦囊妙计的方法去增强孩子的运算及记忆能力，这两种能力看来对应付现今着重背诵的学校课程很有用途，故此甚得家长欢迎。这类的学习法一般是由导师把常用的运算和记忆方法整理好，以容易掌握的口诀或者策略来增强吸收，让学生透过重复练习加强达到其快速运算和快速记忆的效果。换句话说，这些学习法提供了思考上的捷径。

然而，这类速成学习法的效用因人而异。速成学习法提供的思考捷径往往是透过不同接收运作渠道而进行的。这些渠道包括视像、声音及身体活动。例如，珠心算是以视像(算盘的珠粒)加上动作(手指模拟用算盘的动作)来协助计算。不同人对不同运作渠道有偏好，会倾向透过自行选择的运作渠道去进行思考。例如，对视像有偏好的人，较容易运用图像来协助思考，但如果他们遇上了纯为聆听的学习安排，会感到掌握较为吃力。故此，特别学习法提供的思考捷径是否奏效，视乎学生是否适应当中所需的运作渠道。此外，亦须注意孩子对运算和要记忆的课题是否具兴趣。兴趣是学习的开端，对有兴趣的课题，掌握特别得心应手。我们要考虑学习速成法会否减弱孩子对学习课题的兴趣。例如,对数学不感兴趣的学生,强迫他们学习速算法是一件苦差,因为速算法往往强调重复练习,在未完全掌握之前已令孩子生厌而失去学习兴趣。反之,透过有趣味的课题来提起子女对数学的兴趣,再透过循序渐进的学习安排,令孩子对数学学习的效用感增强,便能提高对数学的掌握。

最后,家长须谨记,知识型社会讲求解决难题、创意及批判思维能力,而运算、记忆等基本能力,往往可以借助电脑或者其他科技来帮忙,故此无须过分刻意地去强迫孩子苦练记忆力和操作上的速度。

3. 牙牙学语

三岁的力行刚入学,就读幼稚园低班,他长得很高也很壮,就是还不大会说话。力行是个活跃好动的小朋友,一下子不习惯课室的规律活动。每当一下课,他没两下子便离开座位,或去看看邻座小朋友的劳作,或到窗边看偶尔飞过的小蝴蝶。老师向妈妈投诉力行上课不专心,有时还会推撞其他小朋友。妈妈开始担心力行会否有问题。一个悠长的圣诞假期过后,力行回到幼稚园上课,老师发现力行的语言能力进步了许多。早上,他向老师问好,放学时跟老师同学说再见。上课时,力行抢着回答老师的问题,专注力比以前好多了。这天,力行还向老师投诉邻座小朋友拿走他的颜色笔。懂得投诉这途径后,他较前少了与小朋友推撞,脾气似乎也好了。

力行的例子反映了语言发展在成长中的重要角色。正如皮亚杰及维果斯基两位心理学大师所言,语言发展在整体认知上占了很重要的地位。语言不单令思维提升至新境界,语言沟通及表达亦能促进与他人的相处,对孩子的情绪及群性发展都有增益。

初生婴儿的语言能力非常有限,仅靠哭声来表达自己的需要和渴求。然而到了两岁前后的阶段,幼儿的语言能力起了超乎想象的进展。孩子从牙牙学语、咿呀着只有父母亲才能明白的单音，在短短的一两年间,进展至能清楚用语言来表达自己的见闻及感受。这仿佛人体内先天设有一个语言学习系统(language acquisition device),当时机成熟时便会自动启动,令孩子在短时间内迅速掌握语言的运用。这是美国心理学家乔姆斯基(Chomsky, 1968)的语言先天论的看法,表明了神经中枢系统的成熟与语言发展的关系,亦解释了语言发展的规律性和秩序。一般来说,一至两岁的幼儿开始讲单字,最初发音会不太准确,亦倾向将单字的内容伸延至不同但近似的意思,例如:“wa-wa”(汪汪)可以指家中小狗、毛公仔或其他动物;或者“坏了”乃指玩具坏了、小狗受伤了,又或者妈妈病了,反映孩子运用有限的语言能力去表达不同的意思。到3-5岁的时候,孩子基本上能掌握日常生活的大部分词汇,发音较前清晰和准确。他们开始运用带有文法结构的句子来表达意思,但偶尔会犯文法错误。例如,问一名三四岁的小朋友:“星期六,你用不用上学呢?”他也许会回答:“用上。”这例子反映了孩子尝试从日常的语言经验里去摸索句子的文法结构,好像“你想不想喝水呢”?“想喝”。然而这类句法并不适用于“用不用上学”这个情况。凭着反复试验以及语言经验的累积,六岁以上的孩子差不多已完全具备成年人所用的语言能力,并开始以更复杂和抽象的语句去表达自己的想法。

语言发展受先天的影响,但语言学习需要环境的配合。我们要理解先天及后天环境两者互动对语言发展的影响，去探索家长从中扮演的角色(Shaffer, 2002)。从牙牙学语开始,家长的反应增强了婴儿的发声活动，一个简单的ba音会令父母满心欢喜地认定是孩子开始跟爸爸打招呼,身边人的笑容和关注成为最有力的增强剂,鼓励小孩继续发出ba和不同的声音,渐渐地这些声音组合成字句、语句,从学习理论的角度看,这个过程由父母不断地强化及纠正,而达致塑形(shaping)的效果。

塑形的过程类似训练海狮表演如顶球、鼓掌的复杂动作。正如初生婴儿不懂说话只会发出简单的音调,海狮天生只会挥动双掌而不会鼓掌。透过训练员悉心的策划,以食物奖励海狮简单的挥掌动作,而这种奖励形式逐步延伸至复杂的鼓掌动作,最终海狮能在训练员一声号令下鼓掌。从塑形学习理论来看,孩子掌握语言亦是经过类似的历程。此外,父母在语言发展中起着很强的示范作用 (modeling),孩子透过观察和聆听家长的说话去掌握母语的精粹。同时值得注意的是:父母与牙牙学语的孩子进行的交谈对答,有利发展婴孩的语言沟通能力。语言除了发音、用词和文法外,亦包括了群性沟通互动的部分。幼婴在掌握语言之前,已经透过与父母的"对话"来建立人际沟通的基本节奏,如:依次发言(turn taking)、一问一答等(Bruner, 1983)。家庭所提供的语言环境有利刺激婴孩语言的专注及兴趣,对语言发展起着潜移默化的作用。

语言发展有其规律性和阶序,但孩子掌握语言的速度却有颇大的差异。例如:有些小孩子还未满周岁已开始讲单字,但不少孩子要待至 18 个月大才能掌握同样技能(Bee, 2000)。这些个别差异部分来自先天的遗传特质,例如女孩子 一般比男孩子早运用语言。此外,家庭的语言环境因素亦会影响孩子的语言发展速度。父母、兄弟、姊妹及其他家人与婴儿的接触会加强婴儿对语言的兴趣及吸收。另一类语言发展上的个别差异来自刚开始说话时所用单字的类别(Nelson, 1973)。大部分婴儿的初用词汇都与人或物件有关,如:妈妈、波波等,来帮助他们去表达对人或物件的认识,这是参照式(referential style)的语言发展。另外有些小孩最早用的词汇是"要要"、"谢谢"等词句,以助与他人相处,此之谓表达式(expressive style)语言发展。比较两类幼童,前者一般发音较清晰,而且掌握词汇的数量多,一般是语言上较早熟的孩子。循表达式语言发展的小孩,往往较迟才开始说话,但很快便能赶上同龄孩子。无论在语言上的起步是快是慢,绝大部分幼童终归均会顺利掌握说话的能力,正如著名物理学家爱因斯坦亦是较迟才开始说话。故此,家长无须过分担心年幼子女的语言发展是否过慢，若孩子能够明白其他人的说话和作出恰当的反应,一般来说是没有太大问题的。

4. 入学准备

现代社会生活节奏快速,连带孩子的成长也好像加速了。不少家长在孩子一岁多两岁便开始考虑安排上学。学前教育(指小学之前所接受的教育)有时推前至两岁开始,包括幼儿班、低班、中班及高班等四级。孩子未正式入读小学已接受了四年教育,可见家长如何看重教育。

从家长的角度去看,孩子越早入学似乎能占学习优势,而学前教育亦提供了当今主导的一孩家庭所缺乏的社交群体生活经验，故此低龄入学成了趋势。然而,我们认为家长应细心考虑低龄入学是否真的为子女带来好处,尤其是孩子是否已具备入学的条件（school readiness),令他们能容易适应学习和群体生活。根据美国全国教育目标小组(National Education Goals Panel)于 1990 年所作的建议,幼童的入学条件包含在五个环节的表现上:身体成长及健康情况;群性及情绪表现;学习的基础条件;语言发展;基本知识及认知能力。

(一) 身体成长及健康情况　健康的身体成长是入学的基本准备。学校纵然带来愉快的群体生活,但亦是传染疾病的温床,故此学童须有健康的体魄才能具有足够的抗疫能力。幼童须掌握基本的自我照顾能力以及身体活动能力,如:洗手、如厕、走路、跳跃,以至持笔等技能,才能充分参与学习活动。此外,孩子也要尽快掌握校园生活的作息时间规律。

(二) 群性及情绪表现　孩子的情绪以及在群体互动中的表现影响着他的校园生活。入学意味着要离开熟悉的家人,踏入陌生的校园与素未谋面的老师和同学相处,孩子都需要适应。入学初期孩子或会有分离焦虑表现而抗拒上学。父母家人的关心爱护能令学童充满自信及与他人融洽相处，以至减低分离焦虑的现象。

（三）学习的基础条件　家长须自小培养孩子的好奇心、想象力、合作精神以至耐力，这些都是有助学习的条件。

（四）语言发展　语言是学习的主要工具。孩子必须掌握基本口语及聆听能力才能有效地参与学习活动。与人交谈、亲子共读皆能增强子女对语言的兴趣和掌握。

培育双语能力

香港特区政府近年大力倡议两文三语的培育，目标是让学生掌握中英两种书写语文，以及粤语、普通话、英语三种口语的能力。在现代社会里，操流利中英文的确能提升个人竞争力。本地家长一般很关注子女的英语培育，市面上充斥了五花八门的英语学习教材，其中不少以多媒体形式教授，售价颇高但不乏市场。家长亦非常热衷把子女送到以英语授课的学校，早前香港政府推行母语教学政策，遭受不少家长抗拒，反映了他们心目中英语的重要性。除了提升就业竞争力之外，外国所进行的研究亦显示，操双语的儿童较只懂一种语言的同学在分析判断、概念思维以及创意等方面皆有更出色的表现（Bialystok, Shenfeld & Codd, 2000; Hakuta, Ferdman & Diaz, 1987），这显示了自幼掌握两种语言的孩子在认知方面有更强的能力。故此，双语能力的培育实在不容忽视。

香港人口中，绝大部分为华人，而中文及广东话是日常沟通的主要书写语及口语。故此，一般孩子学习双语皆是序列性的(sequential)，即先掌握中文母语，然后才学习作为外语的英语。虽然，不少本地家庭雇用操英语的外佣及学校从幼儿园开始已提供英语训练，但是家中及社会内主要流通的语言及接触的文字仍是中文。从社会层面去看，香港是一个有限度的双语社会，尽管不少人懂英语，但日常生活的应用有限。相较来说，在多民族的新加坡，英语用途要广阔得多。不同民族之间的沟通有赖英语，故此，新加坡华人的英语沟通能力一般较香港人高。由此可见，香港必须加强日常生活中使用英语的机会，让孩子在课室外亦能接触和运用。很多家长都刻意安排子女从稚龄开始学习英语，认为可以提高吸收能力和学习效果。从语言发展的角度去看，的确有所谓"语言学习敏锐期"(sensitive period)，意指幼儿对掌握语言特别敏锐，若在这个时间没有得到足够的语言接触，孩子也许会错失了无法弥补的学习机会。在美国进行的研究显示，七岁以前移居美国的华裔及韩裔移民能操近乎母语程度的流利英语，而十五岁后才移民的人，他们的英语表现较前者相差很远(Johnson & Newport, 1989)。可是我们也得注意，心理学研究发现敏锐期的论点特别适用于语音掌握方面 (Flavell, Miller & Miller, 1993)。例如，我们以中文为母语，往往为掌握英语的细微语音差异而感到吃力，如：land(土地)跟 lend(借出)是两组不同的发音，前者的国际音标为：l 驻 d，而后者是：lend，不少香港人都无法听出两者的分别。出奇的是初生幼婴能分辨出外语的细微语音差异，可是这种敏锐能力在一周岁以后逐渐消失，这显示婴儿有与生俱来的精确辨别不同语音能力。在母语环境熏染之下，这种能力逐渐塑造成为偏重母语，令孩子对其他外语的语音接收能力减弱。一般来说，自幼开始全面学习英语，能提升听讲能力至接近母语的水平。不少在外国长大的华裔小孩能全无口音地操流利英语，正好解释了语言敏锐期的看法。然而家长亦须注意，语言包括发音、文法、语意和沟通的不同运用范畴。听讲只是语言中的两个环节，敏锐期效应在掌握文法、语意、沟通和读写能力等几方面均未见突出。故此，若家长无法让子女自年幼开始便全面学习英语，也无须为错失黄金机会而感到气馁。只要日后能努力，好好把握学习和练习语言的机会，孩子的英语运用一样能达流利程度。偶有发音未及标准或者文法语意有错误者亦属正常，最重要的是能达到沟通的功用。

故此，我们认为家长须注意，不要因为自己对子女学习英语抱有殷切期望而揠苗助长。年幼的孩童适宜利用生活化的活动方式学习外语。全语言学习法（whole language approach）以提供真实的语言环境来提高学生的学习兴趣与投入感，例如：透过唱歌、游戏的方式来学习，及鼓励学生利用英语写作交谈等等。传统语言学习方法强调背诵及反复练习以掌握文法和词汇，能为语言学习打下深厚基础，故此亦有其用处。这种学习法较适合年纪较长的孩子。我们若能灵活运用各种学习方式，孩子的学习效果一定会更好。

（五）基本知识及认知能力　孩子在入学前应已透过日常生活及游戏建立了基本的知识（如：颜色、形状、数目）和思考、解难等能力。这些都有助他们掌握在学校的学习活动。

以上所列的条件不单让父母考虑孩子是否适合入学，同时也提醒学校须注意学生的个别差异并作出包容及调适，令所有孩子皆能受惠于学校教育。故此，家长在为孩子准备入学时，须注意入读学校能否照顾到子女的学习、情绪和群性发展需要。其实，学前教育的主要目的是增强孩子对学习的好奇心和兴趣，好为日后漫长的学习生涯做好准备，故此家长无须过于执著幼儿园所教授的知识是否足够。能够培养孩子对事物的好奇心和对学习产生兴趣，以及令孩子有一个愉快的群体生活才是学前教育最重要的目标。

5. 小结

在这一章内，我们介绍了思维发展和语言发展，亦讨论了双语培育和幼童入学准备的两个相关课题。这章的内容侧重幼儿时期的发展，但亦在讨论中伸延至后期的成长阶段。思想和语言两个环节都与学校学习的体验息息相关，可以称之为基本学习元素。在思想和语言的发展上，孩子是与生俱来好奇的勤学者。家长教师的角色在于为孩子提供开放的空间，启发他们不断追寻、不断探索。曾有教师留意到一个令人心酸的现象：在小学一年级的课室里，学生都睁着好奇的眼睛留意老师的说话，每次老师发问，班里就有数十只小手在空中飞扬，争着要回答老师的问题。然而在小学五年级的课室里，学生都是没精打采地在上课，没几个有兴趣回答老师的问题。这个强烈的对比令人不禁俯首低问：是什么地方出了错，令孩子的求知欲、好学心受到摧残？这个是不容易回答的问题，答案也无比复杂。但作为家长，大家值得努力让孩子炽热的好奇心继续燃烧下去。

择良校的要点

在香港，不少家长深信名校的重要性，因而对选择学校是一件头痛的事。其中部分的难题来自特区政府的中小学派位政策。特区政府实行就近入学的分区派位安排，同时派位亦有一定程度的随机性，令家长无法有十足把握送子女到心仪的学校就读。很多家长为此感到无奈，有的更在派位当天黯然落泪以至呼天抢地。不少家长因而各出奇谋，好保证孩子能入读心目中的理想学校，而学前教育不幸地成为小学入学派位的桥头堡。与著名小学有联系或者同校区的幼儿园变得炙手可热，而幼儿园课程亦因应家长的要求而加深(如：加插加减数或者艰深英文生字等)，以为小学课程“打下基础”。然而，从学前教育的理念来说，过早要求学生进行背诵、做家课等安排容易令幼儿对学习生厌，因而产生反效果。我们同意教育统筹委员会（2000）的看法，幼儿园教育的重点是让孩子适应群体生活，以及培养孩子的求知欲和学习兴趣。不要让入读名校的意欲损害孩子的学习基础。

一般来说，名校有一定历史，声誉较好，学生的成绩表现亦较出色，故此名校很有吸引力。然而，家长在为子女选择小学时须注意几个要点。首先，香港绝大部分中小学，无论是官立、津贴或直资学校，均受特区政府津贴和资助，故此设备和师资条件都相同。学校出名与否，与这两项基本条件无关，学校本身的硬件是颇为均一的。值得考虑的反而是学校提供的学习环境和校风。传统式教学强调单向式讲授课文，学生参与程度低，但覆盖的课程范围较广，功课较多，故此适合吸收力强和有耐性静心听课的孩子。活动教学则强调师生互动的好处，并以多种形式来进行教学，适合一般活跃和充满好奇心的孩子。孩子的脾性与学习环境错配的话，会打击孩子的学习兴趣和好学心。另一方面，家长亦应多留意校风，即学校的整体气氛，21 世纪是讲求全人教育的时代，不少学校名气不响，但有清晰的办学理念和路线，值得家长考虑。

儿童及青少年的学习

孩子在求学阶段,父母最关心的就是他们的学习。打从孩子进了小学,一直到中学毕业以前,父母免不了常常有以下的疑问:孩子究竟能不能应付学校的功课?智能发展是不是健康正常?能不能自动自觉努力读书?会不会在学习上遇到困难?作为父母,怎样才可以提供最有利的成长环境,让孩子长知识,长能力,成为能干进取的人?我们在这一章里,将会和家长讨论这些问题。我们会逐一讨论怎样促进智能发展、培养学习动机,以及协助孩子克服学习上的困难。

1. 培养孩子的智能发展

在电视广告中,不时有一些奶粉制造商和健康食品商标榜他们的产品能促进孩子的智能发展,使他们更聪明,考试更轻松。这些产品真的有这样的效用吗?我们不知道。但这类广告之所以能够大行其道,我们知道广告商必定是看准了父母的心理,才会以此招徕的。为人父母者,谁不希望自己的孩子聪明伶俐?然而,当我们谈到促进孩子的智能发展时,我们不能不先考究什么是智能。如果连这一点也搞不清楚,究竟促进了什么也是糊里糊涂的。

1.1 什么是智能?

要定义智能不是一件容易的事。不同的心理学家对智能有不同的定义，正是言人人殊。好像早年的心理学家比纳（Binet,Terman, 1916）认为智能是判断、理解及推理的能力；佛利曼（Freeman, 1955）认为智能是适应新环境的能力；桑代克（Thorndike, 1927）认为智能是根据事实作行动决定的能力；斯皮尔曼（Spearman, 1927）认为智能是一种理解事物之间关系的能力，而这种能力应用在所有范畴里。面对这些五花八门的定义，学者看了也觉头痛，更遑论一般的读者了。然而，尽管心理学家对智能的定义莫衷一是，一般而言，他们都不会反对智能是学习新知识、适应环境和解决问题的能力。

家長學堂

什么是智商？我需要知道孩子的智商吗？

智商是 intelligence quotient 的中文翻译，英文简称 IQ。智商是智力测验的结果，以标志受测者的智力水平。早期的智力测验以接受测试的儿童的智力年龄（mental age）除以实际年龄（chronological age）再乘以100，得出该童的智力商数（intelligence quotient），这就是所谓的"智商"（MA/CA × 100=IQ）。心理学家以这个商数来说明该童的智力水平。以前的智力测验将题目按深浅排列，浅的题目适合年纪小的孩子回答，深的题目则适合年纪大的孩子回答。一般而言，八岁的孩子能回答其年龄级别的题目，十岁的孩子亦只能回答其年龄级别的题目。如果一个八岁的孩子不只懂得八岁的题目，还懂得十岁的题目，他的智力年龄就不是八岁而是十岁。以刚才的智商公式来计算，这个孩子的 IQ = 10/8 × 100，也就是 125。但是如果一个八岁的孩子答不了适龄的题目，只能回答六岁的题目，他的智力年龄便只有六岁，而他的 IQ 便是 6/8 × 100，也就是 75。又如果一个八岁的孩子不多不少刚好能答八岁孩子才懂的题目，他的智商就最正常不过，是 8/8 × 100，也就是 IQ = 100。因此 IQ100 标志正常的智力水平。孩子的智商高出 100 许多，就是资优的孩子；低于 100 许多，就是智力迟缓的孩子。

现代的智力测验已再没有采取这种计算智商的方法。心理学家改用统计学的原理来界定一个孩子的智力测验结果。他们把同一年龄组别的平均分固定在 100 分，即是说得到 100 分的孩子有正常普通的智力。虽然平均值是 100 分，但同龄孩子不会人人都会得 100 分，有些会得分高一点，有些会得分低一点。按统计学人口分布的预测，大部分(68%)孩子的得分会在 85-115 分之间；而绝大部分（96%)孩子的得分会在 70-130 分之间。从这样的分布看来，得到 130 分以上或 70 分以下的孩子少于 4%。换句话说，能拿 130 分这么高成绩的孩子，在一百个中就只有两个，算是资优的孩子。但在另一方面，拿到低于 70 分的孩子，在一百个中就只有两个，算是智力迟缓的孩子。现代的智力测验所得的分数来自统计学的原理，完全没有商数(quotient)的意义，因为它的计算方法再不是智力年龄除以实际年龄再乘以 100。但智商这个词用久了，已成习惯，因此今天的心理学家以至一般人还是用这个词汇来标志受测者的智力水平。

不少父母很想知道子女的智商。好奇之心，人皆有之，无可厚非。但作为心理学家和教育工作者，我们却不鼓励父母在没有特殊需要的情况下，要求孩子接受智力测验。加德纳(Gardner, 2000)批评常用的智力测验只测量数学推理智能、语文文字智能和视觉空间智能，而忽略了其他类型的智能。因此这些测验所得的智商并不能标示多样性的智能。戈尔曼(1995)综合前人的研究，更发现一个人的成功只有很少部分(20%)可由智商所解释，但大部分(80%)都与智商无关！再者，孩子的智商会随年岁、教育和经验而变化。孩子的年纪越小，智商的可变程度越高(Satlter, 1988)。因此，如果父母太迷信智商的重要性，很可能会为孩子

带来不准确和不必要的标签效应。如果孩子在学习上并没有问题（例如：觉得课程太容易或太难），父母没有必要急于把孩子送到心理学家那里接受测试。在没有需要的情况下，太早断定孩子的智商是高还是低，对孩子而言，是害多于利。

虽然智能是学习知识、适应环境和解决问题的能力，但究竟这是一种能力，还是很多种能力？主要是由遗传基因所决定，还是受环境教育所决定？这些问题牵涉到智能的多样性和可变性。

1.2 智能的多样性

早年的心理学家斯皮尔曼认为智能是一种理解不同事物间关系的能力。这种能力是一种应用在任何范畴里的普遍能力（genera inte-igence factor，以下简称为"g 因素"）。g 因素高的人，就是聪明的人，他们处理任何事情都比那些 g 因素较低的人强。也就是说，因为 g 因素覆盖不同的范畴，一个智力高的人学习数学很出色，学习语文也一样很出色。但这个观念在近代受到很大的冲击。近年来，不少心理学家认为智能不是一种能力，而是多种能力。例如斯滕伯格（Sternberg, 1990）认为智能有 3 种：分析性智能（analytical）、实用性智能（practical）和创造性智能（creative）。加德纳（Gardner, 2000）认为智能有 8 种：数学推理智能（ogica /mathematica）、语言文字智能 （inguisticl）、音乐旋律智能（musical）、自然博物智能（naturalist）、视觉空间智能（spatial）、身体运动智能 、人际关系智能（interpersonal）、自我内省智能（intrapersonal）。戈尔曼（Goleman, 1995）在这种智能外，再提出另一种智能——情绪智能。吉尔福特(Guiford, 1988)甚至认为智能有 180 种之多！

面对林林总总的智能，家长们大概会瞠目结舌。我们认为数目并不重要，3 种、8 种、180 种都不打紧，重要的是，这些近代心理学家给我们带来了一个讯息:智能不是单元的,而是多元的。

如果把智能界定为学习知识、适应环境和解决问题的能力,我们还需要看看学习的是什么知识,适应的是什么环境,解决的是什么问题。我们不能一概而论一个人的智能是高还是低。就以加德纳所说的8种智能为例,一个孩子拙于语言文字,并不表示他就是个笨小孩,他可能在数学推理上或身体运动上有出色的表现。看来,智能并非如斯皮尔曼所言,是涵盖所有范畴的单一能力。不同的人在不同的范畴上有不同的能力表现。在某一个范畴所表现的能力弱了,不表示他是个蠢材,一无是处,他极可能在另外一些范畴上有过人的智能。可惜传统上,人们只看重一两个范畴上的表现,并以此论断一个人的智能。传统的智力测验,如《香港韦氏儿童智力量表》(香港教育署及香港心理学会,1981)都只是测量加德纳所说的数学推理智能、语言文字智能和视觉空间智能。而传统学校的课程更糟糕,只集中培养和考核数学推理智能和语言文字智能。

加德纳的多元智能学说对现代的学校教育影响颇深。家长也许已听过"多元智能"(multiple inteligences)这个词。许多学校都标榜自己努力推行多元智能课程和培养学生的多元智能,我们觉得这是一个可喜的现象。华人社会一向重视考试成绩,而考核的重点又偏重中、英、数的能力,其他能力(如:音乐、体育、人际关系、自我内省等)则一概敬陪末席。如今多元智能的概念受到广泛认同,于是老师和家长的眼光也扩阔了。但回心一想,其实多元智能的教育也不是什么新鲜概念。一百年前,中国已有教育学者倡导"德、智、体、群、美"五育并重。看来,多元智能的教育也不过是新瓶旧酒。但既然现代心理学的新包装能吸引更多的老师和家长,也就无须管它是"新酒"还是"旧酒",只要是能让孩子全面均衡发展的就是好酒。

加德纳所提出的多元智能

智能	表现
1. 数学推理智能	善于数学、逻辑等思辨
2. 语言文字智能	善于阅读文字、讲故事、说笑话、交谈和写作
3. 音乐旋律智能	善于玩乐器或唱歌、爱听音乐
4. 自然博物智能	善于种植植物、饲养动物、观察大自然及掌握天文地理常识
5. 视觉空间智能	善于拼图、走迷宫游戏、画画、手工艺和砌模型
6. 身体运动智能	善于运动、模仿动作、用手表达或创作
7. 人际关系智能	喜欢参加团体活动，善于主动与人倾谈和打招呼
8. 自我内省智能	善于表达自己，了解自己的强弱项，明白自己的情绪

1.3 智能的可变性

有关智能的论争除了上述的单元还是多元的问题外，更有先天还是后天、可变还是不可变之争。如果认为智能是天赋的，完全由遗传基因所决定的话，其可变性便很低；如果认为智能是后天培养的，可以受教育和经验所左右的话，其可变性便很高。那么究竟智能可变还是不可变呢？

有些心理学家（如：詹森〔Jensen, 1980〕、亨斯坦和默里〔Herrnstein & Murray, 1994〕等）认为智能绝大部分是由遗传基因所决定的。但另一些心理学家（如：普洛明〔1989〕、里夫肯〔Rifkin, 1998〕等）却认为智能受许多后天因素所左右，这些因素包括成长环境和所接受的教育。现今大部分心理学家都同意智能既有先天的成分，也有后天的成分（Petri & Wikerson, 2000），孩子的智能有多高，就要看两者之间的互相影响。同卵双生儿的遗传基因是百分百一样的，当他们被分开在不同的环境中长大，尽管他们的智商还是很相似，但再也不是百分百一致。被收养的子女没有什么血缘关系，但他们智商的相似性竟然比那些有血缘关系但分开成长的兄弟姐妹还更高（McGue, Bouchard, Iacono, & Lykken, 1993）。有一些被界定为弱智的儿童被收养后，他们的智商都有可观的增长，二十年后，他们比那些没有被收养的弱智儿童更能融入主流的社会（Skeels, 1966）。这些研究都显示遗传因素虽然有一定的影响力，但智能并非铁板一块，不增不减，丝毫不动。智能其实是会受后天培育所影响的。

也许有人会质疑智能的可变性。难道我们可以忽视人有智愚之分？难道弱智的孩子也可以变成正常吗？我们当然不否认人有智愚之分，但对于孩子的成长来说，他们之间的比较（inter-individual differences）并不及他们自己和自己的比较（intra-individual differences）重要。即使天赋有智愚差异，但每一个孩子都可以进步。教育的目的就是让每一个孩子都进步。比较的重点不在孩子的互相比较上，而是在孩子的自我比较上：通过努力学习，孩子是否比之前进步了？哪怕孩子进步后还是比不上天才儿童！当然，我们也不会乐观到认为弱智的孩子只要努力也能变成智力正常。但后天的训练一定能提升他们的智能，让他们比没有训练以前更能适应生活的要求。本书作者之一曾在特殊学校当心理学家，目睹过无数弱智的孩子增长能力。哪怕是轻微如昨天不会分辨交通灯号的红色和绿色，只要今天学会了，也是增长了知识和能力。这样的进步正是由于后天训练所致。

相信智能有一定的可变性，对孩子来说，有深远的影响。还记得我们在本书第三章谈过的自我效能感和归因模式吗？如果孩子不相信智能可变，也就只能接受自己无能为力的无奈命运。既然智能高低与否，都是天定的，既无法控制，又无法改变，那么还努力干什么呢？原来相信智能可变与否和孩子的学习动机有密切的关系。既然智能可以通过后天的努力而增长，缺乏学习动机的孩子也就少了增长智能的机会。

要培养孩子的智能，家长就要注意孩子的学习动机。肯努力、肯学

习、肯坚持的孩子,智能一定会提升。

2.提升孩子的学习动机

教育心理学家讨论学习动机时,总爱指出两种学习动机:(一)内发动机(intrinsic motivation);(二)外在动机(extrinsic motivation)。孩子对学习有内发动机就是对学习本身有浓厚的兴趣,他学习不是为了得到什么外在于学习的好处,例如:夸奖、礼物等等,学习活动所自然产生的满足感已足以推动他继续学习。这动力是内发的,不受外物所控制的。外在动机则刚好相反,孩子学习不是因为真的享受学习所带来的满足感,而是为了别的东西,诸如:面子问题、不愿受惩罚等等。对学习有内发动机的孩子最自动自觉,无须用什么来利诱他。对学习只有外在动机的孩子则比较麻烦,有奖赏他便积极,没奖赏他便消极;有惩罚他便努力,没惩罚他便怠惰。

2.1 内发动机

怎样才可以提升孩子对学习的内发动机呢?影响孩子内发动机有好些因素,假如我们能掌握这些因素,便能培养孩子的内发动机。这些因素包括(一)成功经验;(二)归因模式;(三)自主性;(四)对智能的看法;(五)目标取向。

谁都会喜欢看见自己成功。如果学习能够带来成功感和满足感,孩子的内发动机便能启动。我们在本书第三章里谈及自我效能感时,便讨论过如何让孩子有成功的经验。只要孩子的学习项目在他的"近距发展区域"内,哪愁孩子只会失败不会成功?父母要注意孩子现时的水平和学习项目的难度。如果发现孩子一时间无法掌握新的学习项目,便要作出调整。将学习项目分拆,由浅入深,逐步协助孩子拾级而上,直至能掌握最初不能掌握的项目。

疑惑、困难、坚持、成功都是学习历程中不可或缺的一部分。即使我们尽量让孩子有成功的经验,但他们总会有遇上疑惑和困难的时候。其实遇上疑惑和困难并不一定是一件坏事,很可能是新知识的缘起。我们在上一章谈皮亚杰的认知发展理论时，便讨论过孩子透过同化和调适的程序去理解身边的事物。所谓调适就是当孩子发现已有的旧知识无法掌握新的事物,于是作出改变。而改变带来的就是新知识。困难和失败其实并不是那么可怕,可怕的是我们对困难和失败的负面看法。这些负面看法通常都是源自不良的归因模式。我们在前面第三章曾讨论过如果孩子把失败看成是因为自己天资鲁钝,那就糟糕了。天资是天赋的东西,改不了,也控制不了。孩子有这样的归因模式,便很难积极进取。但如果孩子把失败看成是自己准备不足,不够努力的话,孩子就会奋力补救。因为准备和努力是内在、可变和可控制的因素,完全在他的掌握之内。当孩子遇上失败时,父母当然要检讨那一个学习项目是否在孩子的“近距发展区域”内,而且也要引导孩子采纳较健康的归因模式。

影响孩子的内发动机的另一个因素是自主性。孩子都希望感到自己是自由自主,而不是被外在因素或力量所控制的。上了中学的青少年对自由自主的渴求尤甚。如果孩子认为他自己是引致一个行为产生的因素,或他相信自己能控制那个行为的话,他便会对那个行为产生内发的动机。相反,如果他认为自己的行为是受外在因素所控制的,他对该行为的内发动机便会减弱。例如当孩子选择一本书作为课外读物,他对阅读这本书会产生内发动机；然而当他阅读那本书是为了准备考试的话,他阅读这本书的兴趣一定会大减。自主性对内发动机的影响可引申到给予奖赏惩罚的问题上。奖赏惩罚其实是一种从外而来的控制,用得不得其法会摧毁孩子的内发动机。

我们在本章谈论智能的可变性时,也提到它对学习动机的影响。心理学家杜瓦克（Dweck, 1986)发现如果孩子相信智能不变的话,当他遇上稍难的作业时，便马上失去信心，出现回避挑战、完全放弃、过度焦虑的情况。但如果孩子相信智能可变的话，情况则迥异，即使遇上稍难的作业时，他也不容易失去信心，而且愿意接受挑战，勇于学习。我们不难发现这截然不同的后果源自是否触动了绝望无助感。相信自己的智能非天定，而是可以增进的孩子，遇上了挫折，不会视之为自己天资鲁钝之故。“我今次不行，下次努力一点，便可成功。”有了这个信念，孩子就不会有绝望无助感，也就会勇于进取。但那些相信智能是固定不变的孩子，遇上了挫折，便容易滋生绝望无助感。“我今次不行，下次再努力，也一样会失败，因为我蠢。”有了这个信念，孩子又怎会勇于进取？

“智能不变论”除了触动绝望无助感外，还会引发以表现为目标的学习取向。目标取向(goal orientation)对孩子的内发动机有莫大关系。当孩子认为智能是不可变的时，他会很在意别人对自己智能的评价，他要显示自己智能高，或避免让人认为自己的智能低。卓越的表现能告诉别人自己的智能高，而差劣的表现则证实自己的智能低，于是他便会倾向追求表现多于学习和进步。他的目标是求表现而不是求学习。这有怎样的后果呢？在他有胜券时，他会勇于表现；但在没有把握时，他便刻意隐藏，以保颜面。有些时候，孩子甚至会采取自我贬抑的策略，刻意制造自己失败的借口，例如不用功温习，待自己失败时便可以狡辩说自己其实是聪明的，只不过无心努力而已。相反，当孩子认为智能是可变的时，他较不在乎证明自己的智能有多棒，而是着重将之提升和发展。他会倾向追求学习和进步多于追求表现，因为既然智能可以藉努力用功而改变，展示其现时的水平无甚意思，倒不如将之培养和增强。对以学习为目标的孩子来说，错误只是显示现时水平的工具，不是自己愚蠢的证据，所以他较能以积极的态度面对挫折，寻求改善的方法，正是遇败而不挫。

奖赏可以诱发动机吗？

很多父母都会用奖赏来激发孩子的学习动机。例如答应孩子若他默书得了100分便给他买玩具、测验100分便给他500元。“重赏之下，必有勇夫。”父母每每觉得这样的鼓励方法很奏效。有奖励时，孩子特别用功。但奖赏真的百试百灵，毫无副作用吗？且看看以下的一个故事(Casady，1975)：

一位老教授从大学退休后，过着悠闲安静的生活。在他的住所外有一个公园。老教授最享受一边听古典音乐，一边欣赏公园的景色。一个夏天的早上，当老教授陶醉于巴哈和莫扎特的乐声中，一群年轻人出现于公园内。整个早上，他们的笑声、嬉戏声和从他们那特大喇叭中所播放出的乐与怒音乐响彻公园。纵使老教授关上所有窗户，外面嘈杂的声音依然掩盖着莫扎特的乐章。这种喧闹持续了好几天，老教授认为是时候改变一下这班年轻人的滋扰行为了。一天早上，当年轻人尽兴后准备离开时，老教授从屋里走出来，告诉他们自己的生活太清静了，很想增添一些生气和活力。他十分喜欢听到他们的笑声和玩乐的声音，并答应如果他们第二天再来玩乐，每人便可得到美金一元。这种便宜的交易，年轻人岂会放过？他们第二天如期赴约。老教授请他们第三天再来，仍给予每人美金一元的酬劳。如是者年轻人到公园玩乐了三天，每次老教授都给予每人美金一元的酬劳。到了第四天，老教授告诉他们自己已无力再给予他们酬金了，年轻人愤然地表示，他们并不会白白制造声音和播放音乐的。结果这群年轻人从此再没有在公园出现了。

为什么重赏之下，那一群年轻人竟然对原先十分钟爱的喧闹行为

失去了兴趣？原因很简单，老教授以金钱破坏了这群年轻人玩乐的内发动机。他们玩乐再不是为了其中的趣味，而是因为要赚取一美元的奖赏，纯粹是由外发动机所推动的。当老教授撤回奖赏，玩乐立刻缺乏了推动力，青年人唯有鸟兽散！

当你不再提供玩具或金钱时，你的孩子还会有动力学习吗？

孩子会以表现还是以学习为目标，除了受智能可变还是不可变的信念影响外，更受竞争的影响。在竞争的环境里，奖赏是有限的，只有表现最好的少数人才可得到。在这样的环境下，孩子便只能顾及自己的表现，不能计较什么学习或进步。家长也许觉得奇怪，不是"有竞争才有进步"的吗？为什么现在我们说竞争导致目标就是表现自己，让孩子不顾学习和进步呢？本书作者之一联同几位研究员（Lam, Yim, Law, & Cheung, inpress）曾进行以下的一项研究，正好能说明其中的道理。在这个研究中，他们为初中生办了一个两小时的速成中文输入法的计算机课程。学生在完成课程后会掌握基本的拆码技巧和简易的汉字输入方法。所有完成课程的学生也会得到一张修读证明书，上面有他们的名字。研究员将学生分成两班，对其中的一班说："证明书上会有你们在班上的成绩名次。"但对另一班学生，他们则没有提及排名次序。排名的做法与华人社会许多学校的做法一脉相承，目的是以竞争来激励学生的学习动机。然而，研究员却发现竞争并没有激励他们，反而阻碍了他们学习。当遇到困难题目和失败时，有竞争的学生比没有竞争的学生较容易觉得自己比别人蠢。当他们可以选择总测验的程度时，大部分要竞争的学生都会选择容易但学不到新拆码技巧的测验。但那些无须担心自己排名次序的学生，即使在遇到挫折后，依然愿意选择虽无把握但会学到新拆码技巧的较难测验。原来竞争不一定会带来进步，有时反而会阻碍进步！

学校发了成绩单，许多父母最想知道的，是孩子的成绩排名名次。但殊不知道事事讲求竞争，孩子不一定得益。要孩子对学习有内发动机，父母应该鼓励孩子以求学习而非求表现为目标，无谓的竞争可免则免。我们在本书第三章提及的一项调查（香港青年协会，2000），访问了一千多名中小学生，选出父母对他们所讲的十大最喜欢及最伤害的话语。在十大最伤害话语中名列榜首的是“看别人多棒，你学学别人吧！”孩子也许不懂什么心理学理论，但作为“受害人”，他们最敏感，也最会心理上的运算。他们自知父母一出此语，他们便糟糕了。人比人，气死人！老是用比较来定成败，再用功的孩子也会失败，再不用功的孩子说不定也会成功。如果父母真的要比较，倒不如要孩子跟完成工作的准则比较或跟自己比较。所谓“跟完成工作的准则比较”，就是让孩子参照工作的要求量度自己的进度或成绩。例如孩子要完成两位加数的学习项目，他能否成功就是看他能不能准确地完成两位加数的数学题目，而不是他是否比其他小朋友算得快，算得准。他跟其他人的比较并不重要，最重要的是他有否掌握了准确完成两位加数的能力。量度他成功与否也就以此为标准。

父母也可以要求孩子以自己为比较的对象。所谓“跟自己比较”，就是看看今天的自己是否比昨天进步了。如果进步了，就是成功；如果退步了，就是失败。只有这种比较才有意义。与他人比较，标准随他人而转移，无法量度孩子是否真的有进步。一条鱼进了大鱼塘，和众多的大鱼相比较，显得渺小可怜；但同一条鱼进了小鱼塘，因为其他的鱼都不大，于是显得高大威猛。前者是“大塘小鱼”效应，而后者是“小塘大鱼”效应。其实究其终，渺小可怜或高大威猛，还不是同一条鱼！自身根本没有缩小了或膨胀了。

心理学家马殊等人（Marsh, Kong, & Hau, 2000）曾在香港做了一个大规模的追踪研究，以检查“大塘小鱼”和“小塘大鱼”的效应。他们以

8,000名学生为追踪对象。从小六开始便收集这些学生的学业成绩以及自尊感的数据,一直到这些学生升读中三为止。他们特别感兴趣的,是那些在小六时成绩相若,但在升中机制中被分派到不同学校的学生。他们特意比较那些进了成绩很好的名校和成绩稍逊的普通学校的学生。他们发现尽管这些学生在小六时成绩相若,但三年下来,那些进了名校的学生明显的比那些进了普通学校的学生有较差的自尊感。在事事讲求比较和竞争的教育制度下,这些孩子平白地牺牲了自己的自尊感。其实他们的能力和成绩并不亚于那些在普通学校内的"高材生"。要协助孩子以增知识、长能力为学习目标,我们还是不要把孩子互相比较,要比较的话,就跟自己比。胜过昨日的自己,才是真正的胜利。当孩子以学习而并非表现为目标时,他们才能对学习有内发的动机。

2.2 外在动机

刚才的讨论都集中在如何培养孩子的内发动机方面,没有谈外在动机。内发动机当然比外控动机好。因为当孩子对学习有内发动机时,他无需任何奖赏惩罚也能自动自觉地学习。然而,外控动机并非一无是处。如果父母处理得好,孩子也能自动自觉学习,无须父母动辄运用威迫利诱。关键是孩子能否把调控从外在转化成内在。而从外转成内的过程就是内化的过程。

当孩子对学习有内发动机时,其调控完全是内在的,无须父母提供外在的监管和督促。当孩子对学习没有内发动机时,父母便可能要提供外在的监管和督促,有时更要动用奖赏和惩罚。孩子为了获得奖赏或避免惩罚而学习,其调控便完全是外在的。但不是所有的外在动机都需要外在调控。心理学家瑞安和德西(Ryan & Deci, 2000)发现即使人们对做某一件事情没有内发的动机,不觉得从中有很大的乐趣,但也不一定需要外在调控才会有动机做这件事情。环顾我们的日常生活,对于许多活动,我们也未必有内发动机。例如:没几个人对刷地板和洗厕所有内发动机,喜欢个中"乐趣"的,但这样的家务,就算没有内发动机,有些人还是乐意去做。这很可能是因为他深信保持家居卫生对孩子的健康很重要,因此他无需外在调控也一样会努力去做。同样道理,有些孩子可能最初对枯燥乏味的学习不感兴趣,但是因为相信妈妈的意见,觉得不好好读书将来会后悔,于是无需外在调控也能努力学习。

父母怎样才能让孩子把外在调控转化成内在调控,好使孩子自动自觉?心理学家瑞安和德西认为有三个因素能左右人们将外在调控转化成内在调控:(一)感觉自己有能力做得好;(二)感觉自己能自主自决;(三)感觉自己被爱与关怀。我们在本书第三章谈自我效能感和本章谈内发动机时,讨论过第一和第二个因素,人们对自己能有成功感并且有自主权的工作都能产生兴趣,我们在此不再多谈。在这里,我们希望多讨论第三个因素:感觉自己被爱与关怀。瑞安和德西认为如果一项工作能使人们获得被爱与关怀的感觉,那项工作便很容易令人们努力去做,无需外在的奖赏惩罚。小时候,不少人也有过这样的观察或体会:如果某位老师待我们好,我们便喜欢他,而且也爱上他的课,对他教的科目也特别用心。也许最初的时候,我们不一定对他教的科目有特别的兴趣,但就是因为他的缘故,结果我们愿意在那一科特别用功。这些细碎的观察或体会很能说明关系的威力。当我们觉得对方关怀和爱护我们,我们也就特别关注对方的感受,也特别愿意听从对方的意见。反之,当我们觉得对方对我们不好,我们也就不愿意听对方的话。关系再差一点,不但不听话,更会主动搞对抗。

我们在前面第四章谈恩威型父母的教养之道时,指出这些父母懂得三剑合璧。他们的其中一把宝剑就是关怀爱护。遇上了关怀、爱护,最倔强的人也会软化。当孩子知道父母疼爱自己,也就会在乎父母的感受。父母既然希望他努力读书,孩子为了不让疼爱自己的父母失望,自然会努力读书。关怀、爱护的力量能使孩子内化父母的期望。怪不得研究每每发现恩威型父母能教出成绩优异的学生（Dornbusch et al. 1987; Steinberg et al . 1991）。

如果我们希望孩子内化我们对他在学习上的期望，我们便要强化亲子关系，让孩子感到备受关怀和爱护。

3. 协助孩子克服学习上的困难

缺乏学习动机往往是孩子在学习上落后的原因。但不是所有在学习上落后的孩子都是因为缺乏学习动机。造成成绩落后的原因很多，学习动机是一个重要因素，但非全部因素。有些时候，孩子即使有学习动机，也愿意努力，但总是力不从心。如果老是责怪孩子不用功，非但帮不了孩子进步，反而让孩子有无穷的挫败感和愧疚感，触发了孩子的情绪甚至行为问题。

要帮助这些并非缺乏学习动机，但还是在学习上落后的孩子，我们要先了解他们的困难在哪里。不同的孩子有不同的困难，可能是智力迟缓，可能是听觉和视觉受损，可能是语言发展有障碍，也可能是有特殊的学习障碍等等。我们在这里不能一一列举。在此，我们选出两个较受家长注意的困难，逐一分析其特征和应付的方法：第一个是读写障碍，第二个是注意力不足过动症。

3.1 读写障碍

有读写障碍的孩子最容易受人误会，以为他们是不用功的懒惰小孩。他们外表精灵，绝不像智力有问题的智障儿童，可是却往往成绩低下，默书、测验和考试都常常不及格，把老师和父母气个半死。其实这些孩子并非无心向学，只是有隐蔽的能力缺陷。他们虽然具有平均或高于平均的智能，在认知能力上却有以下的缺陷：记忆较弱、讯息处理的速度较慢、语音处理、视觉和听觉的能力较低、缺乏专注力、不容易分辨左右、列序或组织力也较差。目前的研究还未能完全找出读写障碍的成因，但学者一般都认为他们的学习问题有不少是由于遗传和脑部操作异常所致。

香港大学心理系和香港教育统筹局成立了香港特殊学习困难研究小组(http://hksld.psy.hku.hk)。据小组所示,有读写障碍的孩子有以下的表征:

(一)较易疲倦,需要更多的注意力去完成读写的作业;

(二)口语表达能力比文字表达能力为佳,由于认字方面出现困难,故此无法理解题目，老师或家长若将题目读出来，他们却可以说出答案;

(三)即使能认读文字,也未必能完全理解文章的内容;

(四)即使用功温习,也容易忘记已学的字词,每个字都要重复温习许多次才可以牢记,但转眼又会忘记,对他们而言,认字、默字、串字都是难题;

(五)写字时会漏字或写出多余的字;

(六)学习表现时好时坏。

一百个孩子里,大约有 3—5 个孩子有读写障碍,男女的比例大概为四比一。因为读写障碍是一种隐蔽的能力缺陷,有读写障碍的孩子很容易受人误会,以为他们无心向学。他们招致的责骂也因而很多。这种情况下,孩子的自尊感低落。更有甚者,还会出现叛逆的行为问题。

父母怀疑自己的孩子有读写障碍,可以怎样办？第一是寻求学校老师的帮忙,要求教育心理学家作出识别和评估。假如发现孩子有读写障碍，便要联同老师和教育心理学家为孩子制定合适的教育策略和程序。这些策略和程序包括减少家课的分量(如:减少重复抄写的练习);安排孩子坐在前排以便照顾;调校学习活动的难度以使孩子在认真用功后可以成功完成;在做堂课、测验和考试时,给予充足的时间等。

父母要体谅孩子的困难。只要孩子已尽力,尽管成绩不理想也不要过分苛责。父母尽可能赞赏孩子付出的努力,鼓励他继续用功不要轻言放弃。此外,不要将他和其他孩子比较,只要他有进步,便予以鼓励和赞赏。不少有读写障碍的孩子有别的才能,如卓越的创造才能。父母要发掘和认可孩子在读写以外的专长，给予机会发挥，让他们感受到成功感。

3.2 注意力不足过动症

跟有读写障碍的孩子一样，患有注意力不足过动症（Attention-Deficit/ Hyperactivity Disorder)的孩子也常遭人责骂。根据美国精神医学会出版的《心理疾病诊断及统计手册》(第四版)(American Psychiatric Association, 1994),这些孩子有以下的特征:

(一)注意力涣散 在工作和游戏时无法专心,未能完成便东张西望,经常无法注意细节,粗心大意,容易受外界干扰而分散注意力,并常常遗失东西和忘记要做的事情。

(二)活动量过多 活动量过度的具体表现为身体经常扭动，不能安坐,走来走去,乱跑乱跳,无法安静地参与活动,别人说话时爱插嘴,说个不停。

(三)自制力弱 容易冲动,说话冲口而出,做事不经思索,难于守课堂秩序。注意力不足过动症和读写障碍一样，研究仍未能确定其成因。然而,不少研究者相信注意力不足过动症很可能是一种与脑部发展有关的症状。一百个孩子中，大约有四个孩子有注意力不足过动症。男女的比例大概为六比一。患有此症的孩子中,有的注意力不足的症状十分明显,但过动的症状不明显;但有的却刚好相反，注意力不足的症状不明显,但过动的症状十分明显;有的则两种症状都十分明显。无论是哪一个类型，患有注意力不足过动症的孩子都会有学习上的困难。他们因为无法专心上课和做作业，成绩自然低下。而且因为爱动、不守规矩和不依从成人的指示，于是往往是成人眼中的坏孩子，备受苛责。

家长如果怀疑自己的孩子有注意力不足过动症，请先向学校寻求帮助，要求转介教育心理学家作出识别和评估。假如发现孩子有注意力不足过动症，便要联同老师和教育心理学家为孩子制定合适的教育策略和程序。这些策略和程序包括将学习活动分拆成小件，让孩子每做一小件后，可以休息一会才继续。另外，安排孩子坐在前排以便照顾，尽量减低外界事物对孩子的干扰，让孩子参与行为矫正的治疗计划等。

在家里，家长也要作出相应的配合，例如在孩子做家课时，关掉电视，减少外界的刺激，让孩子专心完成家课。又例如吩咐孩子做事情时，将工作分拆成小件，分时段进行。因为孩子的注意力比较短暂，不容易明白太长太复杂的吩咐，父母便要忍耐一点，以简短的词句和浅白的用字，让孩子明白。

3.3 家校合作

我们刚才谈到如何协助有读写障碍或注意力不足过动症的孩子时，第一件提及的就是向学校求助。孩子学习上出了问题，我们不能指望把孩子送到什么地方修理好了，然后孩子就可以快快乐乐地重新上学，而功课不再有什么问题。既然是学习上出了问题，就必须有学校的参与，才可以解决问题。就以协助有读写障碍的孩子为例，一方面我们设法增强孩子的认知能力，但另一方面，学校必须容纳和照顾孩子的特殊需要。换句话说，我们不能只要求孩子改变，也应该要求环境改变以容纳和照顾孩子。如果要容纳和照顾，学校便要改变一些既定的教学策略和模式，不可以墨守成规，例如把课堂作业分拆成小项目，让患有注意力不足过动症的孩子易于完成。如果学校不作改变，一味要求这些有特殊教学需要的孩子和其他的孩子一模一样,恐怕只会弄得两败俱伤,既苦了孩子和家长,也难为了老师。

学校如何得知孩子的需要,从而作出改变呢?老师当然有专业的判断,但家长的观察和意见也是非常重要的,而且在推行辅导计划时,家长和老师也要有同一的步伐。就以处理注意力不足过动症为例,当学校把孩子的学习活动分拆,要求孩子逐一完成时,家长在家里也要采取同样的策略。不然的话,孩子便会有朝令夕改的感觉,不知何所适从。协助孩子克服学习上的困难,家庭和学校的合作是少不了的。

其实,不光是在协助孩子克服学习困难时,家校要合作。在任何时候,家庭和学校能紧密合作的话,孩子的成长会更好。近年来,越来越多学者鼓吹家长多参与孩子的学校生活,因为不少研究显示家校合作带来极大的好处(Christenson & Conoley, 1992)。这些好处包括孩子成绩进步、社交能力增强、自信心增高等等。

一向以来,学校和家庭之间甚少联络,更谈不上什么合作。其实家校合作有许多模式和层次,家长可以在不同的层面上参与和协助孩子的学校生活。美国的教育心理学家爱泼斯坦(Epstein, Coates, Salinas, Sanders, & Simon, 1997)便指出家校合作有六大类:

(一)做好父母的天职,让孩子在家里得到良好的照顾 孩子有足够的营养和睡眠吗?如果孩子连基本的生活需要也得不到照顾,便很难专心学习了。

(二)与学校沟通,要和老师互通消息 如果家庭和学校各自为政,孩子在家里和学校里所受到的教育便没有一致性。有了沟通,家长和老师才可以互相配合,让孩子得到最好的教育。本章"家长学堂",〈对孩子的老师有意见,要否相约面谈?〉一文所描述的情景最能说明坦诚沟通的重要性。黄太最好能采取第(四)种方案:直接约见老师,要求与他商讨怎样协助孩子。

(三)到学校去做义务的工作 假如情况许可的话,父母可以争取机会到学校当义工。在香港,家长和学校之间甚少沟通,所依赖的沟通渠道不外乎家课手册、家长通告、一年才一次的家长日,家长和老师之间不相往来,家长不大知道孩子在学校的情况。在学校里当义工,家长可以亲自体验孩子在学校内的生活,也可以和老师多沟通。再者,家长在学校里的贡献往往能惠及许多学生,不但自己的孩子得益,其他的孩子也能得益。例如有些学校推行"伴读妈妈"计划,请家长在放学或午膳的空当和学生一起读故事书,学校里的阅读风气便因为"伴读妈妈"的出现而更加浓厚了。

(四)在家里协助孩子学习 学校要有学习的气氛,但家里也一样要有学习的气氛。要建立学习气氛,不能老是靠监管孩子做功课,或聘请补习老师在家中督促孩子温习。带孩子到博物馆、科学馆逛逛,或是和孩子讨论时事,一同看报,都可以为家庭建立学习气氛。说到底,就是要父母以身作则,自己学习,也鼓励孩子一同学习。

(五)参与学校的决策 学校的许多决策都直接影响孩子的学习。例如学校对读写障碍的教学策略就直接影响到孩子能否适应学校的生活。我们刚才也谈到:要帮助这些学习上有困难的学生,不能只要求他们自己改善。环境也必须改善以容纳他们的特殊需要。因此,家长便要对学校的决策提意见。近年来,有不少学校已成立了家长教师会,让家长在校政上多提意见。有的学校更邀请家长进入校董局,直接参与决策。

(六)走出家庭与学校,与社区合作 要孩子有良好的学习,光是家长和学校合作还不够。社区的参与和合作是不可少的。社区内有不少资源,有利于孩子的发展。例如,青少年服务中心提供的课外活动其实可以和学校的课外活动互相配合,孩子也可以透过服务社区而增加自己的能力和成就感。又比方家长和老师一同发动孩子到区内的老人中心服务老人家,这样的工作,既有贡献也是难得的学习机会。

以上各类型的家校合作事宜,你曾经作何种程度的参与呢?假如你能参与其中的三四类,你的孩子已收益无穷。

对孩子的老师有意见,要否相约面谈?

黄太的小儿子升上了小学二年级,功课颇吃力。孩子也算努力和听话,但总是追不上学业水平,中文默书尤其是他的弱项。即使黄太已费了很多时间和心力陪孩子复习,但孩子也常常默书不及格。他好像无法记牢那些字词似的。温习时,他是懂的,但隔了一个晚上,什么都会忘得一干二净。今天孩子放学回家,垂头丧气,因为默书又不及格了。黄太心内一沉,虽然失望,但不忍苛责,因为她知道孩子真的已尽力。昨天,她整整和他温习了一个晚上,孩子没有偷懒。她唯有劝孩子继续努力,不要灰心。但话还没有说完,孩子的眼泪便簌簌地往下掉。细问原委,孩子结结巴巴,说出今天的遭遇:老师在派发默书成绩时,要全班同学猜一猜今次谁又再次不及格了。许多同学都冲口而出,说出他的名字。黄太

一脸愕然，一时之间不知如何反应。孩子说谎吧？老师真的会这样做吗？是误会吧？要不要和老师谈谈？

你是黄太的话，你会怎么做？

（一）息事宁人，无谓与老师对质如果是孩子捏造事实，当面澄清只会尴尬。如果真有其事，当面问罪，只会招致老师怀恨。孩子还在他手里，以后还有好几个月由他教导，倒不如忍一刻，风平浪静。希望孩子升班后，会碰上较好的老师。

（二）直接找校长对话，请校长彻查此事如果真有其事，校方应有适当的处分和善后。遇上这样的老师，不可姑息，一定要学校动用行政权力逼使犯错的老师改正。

（三）到教育统筹局投诉学校，要求派员到学校调查校长极可能偏帮老师，如果交由学校自行处理的话，一定无法找出真相。因此一定要动用政府的监察机制督促学校正视此事。

（四）无须太高调处理这件事，但也不应回避不理直接约见老师，要求与他商讨怎样协助孩子，告诉他孩子在家中温习的情况。在讨论孩子的情绪反应时，询问有关派发默书成绩的情况，共同商讨改善的方法。

（答案可在此前后几页内寻找）

4.小结

在这一章里，我们讨论了怎样培养孩子的智能发展，从中认识了智能的多样性和可变性。智能是否可变，关键在于孩子求上进的斗志和所愿意付出的努力。有顽强学习动机的孩子，智能会随丰富的学习经验而增进。反之，无心向学的孩子，尽管天资聪敏，也只会落得不学无术，一事无成。我们在这一章里，探讨了不少提升孩子学习动机的方法。如果用得其法，孩子不但有较强的内发动机，也可以将外在的动机内化，变得自动自觉。

在这一章里,我们也讨论了一些与学习动机无关的学习困难。我们虽然未能一一列举各种学习困难,但透过讨论两个较特出的问题,我们指出了一些普遍的处理方法:在要求孩子改进的同时,我们也要改变环境以配合孩子的特殊需要。孩子身处的环境主要有两个:一个是学校,一个是家庭。这两个环境都需要作出调整以容纳和照顾这些孩子。两者之间的合作更是不可少。在孩子成长的过程中,总免不了会遇上学习困难,但如果学校和家庭能齐心协力,所有的孩子都可以成为进取而能干的人。

第五编

健康成长的环境

培育孩子成长像种花。孩子是种子，家庭是泥土。种子的本质代表孩子的天赋条件，每粒种子都孕育着潜质。种子的茁壮成长视乎泥土能否给予养分和保护根基。细心灌溉、施肥、除杂草和害虫，这些都是以泥土为对象的育花对策。为了孩子的将来，我们要悉心照顾家庭，减少不良因素的影响。除了泥土，种花还得看天行事。外围环境因素会左右种子的成长。因此，家庭以外的世界也存在着有利和有害的因素，影响孩子的成长。

本编包含："家庭系统"和"成长的生态环境"两章。在这里，我们讨论了家庭和外在生态系统的特性和影响。作为有心的园丁，大家不能守株待兔，坐等开花，而是要趁种子成长时多下工夫，注意滋润泥土和与外间环境配合。明天会否花开处处，就得看今天的努力。

第八章 家庭系统

中国传统文化中，家庭占很重要的地位。儒家思想有“齐家治国平天下”之说，意即稳定的家庭是治理国家，以至天下太平的基石。尽管家庭规模较小，但运作起来，也不比管治国家简单。像小说《红楼梦》里面的贾府，上上下下恐怕加起来有好几百人，当中各人各房之间明争暗斗，爱恨情仇错综复杂，这才会让作者曹雪芹穷毕生之力写了好几十章也无法完稿。现代社会一般趋向两代小家庭，要维持稳定运作和融洽相处亦毫不简单。在此章，我们会就家庭系统运作、手足关系、独生子女和离异家庭共四个重要课题逐一探讨，以增加对家庭的理解。

1. 家和万事兴

家庭是成长的基本环境。从初生开始，家庭是培育幼儿生理、情绪、社交，甚至智力发展的基地。孩子在家里跟父母建立的依恋关系，构成日后各式各样亲密关系的基础。无可否认家庭在人生经历里占一独特的位置。理解及掌握家庭运作的特性，能让我们在处理家庭关系时更得心应手。

1.1 家庭系统的运作

家庭像一辆汽车？汽车是代步工具，怎会跟家庭相似？从系统理论(Systems theory)(Rodgers & White, 1993)的角度来看，家庭和汽车、冷气机等机器一样，是一组系统。简单来说，系统由不同的部分组成，又称“次系统”。次系统之下又可以再细分为次次系统、次次次系统，如此类推。各次系统的本质和功用不一样，但会互相紧扣和牵制，才发挥整体功效。正如一辆汽车由引擎、车轮、车身等机件组合而成，机件各部分独自不会移动，要整体合作才可以令汽车行走。家庭亦有类似情况，家庭由不同的次系统组成，包括配偶次系统、亲子次系统，以及兄弟姊妹次系统等。次系统各有其界线、特色及功用，而系统的整体目标为达致家庭的福祉。“配偶次系统”的轴心是夫妻的亲密关系，当中包括两人之间心灵上的依托及互赖、性生活的满足。同样的两个人亦组成了“父母次系统”，二人合作协调去承担育儿的责任。子女和家长组合了“亲子次系统”，亲子关系是当中的核心。父母尽心尽力去栽培子女，而子女亦令父母有满足感。这些都是亲子次系统的重要功用。在完整家庭中，配偶次系统和父母次系统两者重叠。然而在离异家庭中，配偶次系统崩溃，但父母次系统亦得正常运作，才能发挥抚养子女的责任，让亲子次系统不受损害。

家庭的正常运作有赖各次系统的有效分工和合作。不少家庭发生问题，就是来自系统及次系统运作的失衡。如夫妇之间的争执演变成为打骂孩子泄愤的虐儿情况，这恰恰是错误地把配偶次系统的恩怨蔓延至亲子次系统，透过后者去处理前者的问题。以系统理论来看，这反映次系统之间的界线不清晰。对子女不公平，亦有损家庭的正常运作，长久下来，会引致家庭崩溃。

家庭内次系统的分工和运作，能令家庭稳定和谐，家庭成员因此而受惠。不少家庭的日常生活平淡如水，但反映了精妙的分工和互相配合，犹如细腻动人的交响乐章：爸妈放工回家后，妈妈立即去检视大儿子的家课处理情况，爸爸则入厨房看看外佣准备的晚餐是否适合小儿子的胃口。之后，妈妈负责在饭前喂妹妹吃粥，而爸爸则伴着小儿子练习钢琴。不同的家庭有不同的分工、节奏和气氛，随着日积月累的生活体验，逐渐形成了生活的默契和秩序，能保持家庭的稳定运作。然而，生活上不时发生转变令生活规律无法再平衡（如：妹妹入学、妈妈在公司忙得常常加班等），家庭运作必须应变，重新摸索去取得新的秩序和默契。家庭作为一组系统必须能对内在衍生或者外间引致的转化作出应变，重新组合家庭成员的角色、权力、沟通和期望，理清次系统之间的界线，这些都是开放系统的特性。相反来说，封闭家庭的运作僵化，一成不变，以至无法顺形势作出改变，逐渐失去平衡和秩序。

家庭系统内的次系统

一般小家庭成员人数不多，但却构成了不同的关系。以一个四人家庭为例，夫妇俩组成配偶次系统，儿子和女儿则是手足次系统。可是，相

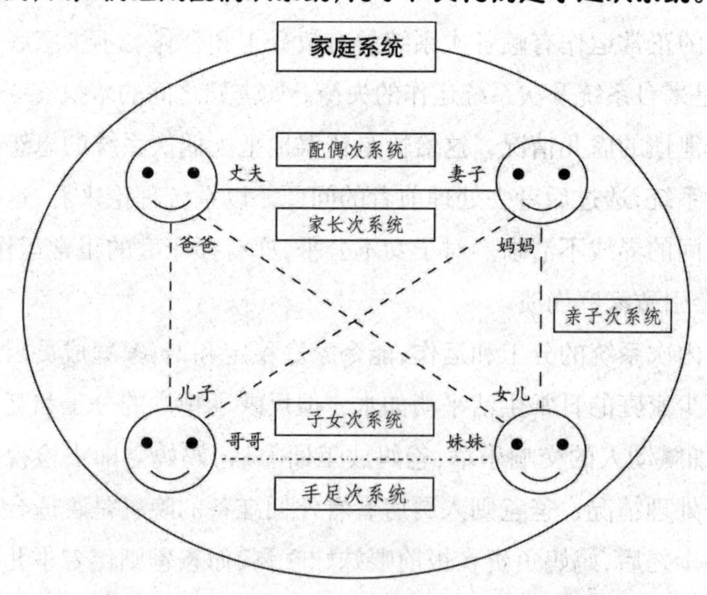

对子女而言，夫妇俩也是父母次系统。相对父母而言，儿子和女儿组成了子女次系统。两代之间的关系，则构成了亲子次系统。这样来看，家庭的运作一点也不简单。

1.2 幸福家庭的要诀

俄国大文豪托尔斯泰的著名小说《安娜·卡列妮娜》的首两句这样说："幸福家庭都是极其相似，不幸的家庭却各有其不幸。"这种说法未知读者有否同感。事实上，家庭的运作极其复杂，世上成千上万的家庭单元之内，所牵涉的人物众多，发生的事情日新月异，而家庭成员之间的关系千丝万缕。幸福与否，家庭所面对的处境亦非外人可用三言两语便可让外人洞悉一切。

怎样的家庭才能称得上健康，让家庭成员生活得愉快和有意义？美国明尼苏达大学学者奥尔森（David Olson）尝试从系统理论的角度去分析家庭运作的模式，从而找出幸福家庭的要诀。经过多年研究的推证所得，他认为可以从三个角度去了解家庭的运作，分为凝聚力、灵活度和沟通（Olson, 1995, 2000）。"凝聚力"是指家庭的气氛是否浓厚，家人之间是否亲近，家庭的内部合作是否紧密。"灵活度"是指家庭的规则能否弹性处理，对转变能否作出适切的反应。"沟通"则是指家庭成员之间的互相了解。从奥尔森的看法，凝聚力和灵活度各有平衡点，太多或太少均会产生问题。家庭的凝聚力太弱，会造成家庭气氛松散，成员各自为政，家不成家。凝聚力过强的话，会排斥外人，有碍家人各自独立发展，例如女儿因怕父母担心而放弃奖学金去海外留学。同样地，灵活度亦有其平衡点。过于因循守旧、万事诸多管束的家庭，往往因为无法应付个别家庭成员的转变而导致不良后果。例如，一向在家中担当主妇的妈妈最近因爸爸失业而迫得出外工作，但家中大小杂务却依然要妈妈处理，而爸爸终日赋闲在家却仍然像太上皇似的指挥妻子做家务。长久下去，忍气吞声的妈妈终于因过劳而情绪郁结，不时与丈夫生口角，引致家中的气氛日差，孩子因逃避父母吵架而终日在外流连。这是灵活度低的家庭的悲剧。然则，过于灵活的家庭亦有其弊端，他们没有生活和相处规律秩序，家中变得群龙无首、无法无天，对子女的管教亦流于松散。这种混乱的家庭环境往往不稳定，成员亦感到无所适从。

奥尔森指出，幸福家庭往往具有良好的沟通，而在凝聚力和灵活度两方面都能抓着平衡点。相反来说，问题多多的家庭缺乏沟通，而其凝聚力和灵活度都显得过强或者过弱。英国皇室伊丽莎白女皇的一家正是典型的凝聚力和灵活度皆弱的失衡家庭。据闻女皇的脾气古怪，对子女漠不关心，家庭关系薄弱，而子女成长后，大多婚姻失败。而皇室规条多多，令家庭运作僵化，亦是引致戴安娜皇妃在遇难前一度饱受抑郁困扰的原因之一。奥尔森亦指出平衡点会因应不同家庭时期而异。年轻夫妇带着幼儿的家庭，一般灵活度较低，但凝聚力较强。这样有利父母施行恩威型的教养方式，亦能令孩子在浓厚亲昵的家庭气氛中成长。当孩子进入青春期，开始争取自主及建立身份时，家庭的灵活度便得相对地提高，好留空间让孩子成长探索。而青少年对朋友关系十分重视，减少了与家人相处的时间，家庭的凝聚气氛亦因此而减弱。

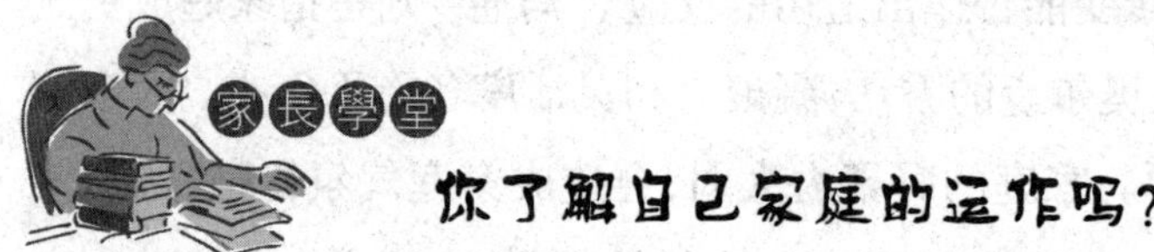

你了解自己家庭的运作吗？

奥尔森的学说提供了一个极佳方法让我们可以去了解家庭的运作，并能因应其特性而作改善（Olson & Defrain, 1994）。从以下的问题，你可以反思一下自己家庭的运作：

家庭凝聚力

(一)你感到与家人很亲近吗?

(二)你在假日常常与家人一起吗?

(三)你与家人分开的时间较多,还是共处的时间较多?

(四)家人之间是互相倚赖还是各自为政?

(五)夫妇关系密切吗?

家庭灵活度

(一)你的家庭明显地有人领导做主吗?

(二)家人之间的分工合作清晰吗?

(三)家中有清楚的规则吗?

(四)孩子的管教是很严厉,还是过于宽松?

(五)当有需要时,你的一家人愿意作出转变吗?

家长要谨记奥尔森的忠告:过强或过弱的凝聚力和灵活度都会引起问题。家长要小心注意平衡,在凝聚之余要留有个人空间,在灵活之下亦要作有规律的管教。

总括来说,家庭的凝聚力、灵活度,以及沟通皆是重要的幸福家庭元素。作为家庭的领导者,家长得留意这几方面的家庭运作,并顺应家庭转变去作出调适配合。保持良好稳定的家庭运作,便能为孩子提供平衡健康的成长环境。

2.手足情深

传统的儒家文化强调五伦关系——君臣、父子、兄弟、朋友、夫妻。手足之情的重要性,尤在夫妻关系之上。儒家学说重视人伦关系,以融洽调和为贵,家庭成员按年龄和辈分排位,由长幼有序的规律去管辖。世人传诵的“孔融让梨”的故事中,年纪只不过四岁的孔融已有谦让、爱护兄弟的好品德。正因为他年纪最幼,自觉应该吃最小的梨,总是把大梨留给兄长。这个故事正好说明了手足之间以礼相待的重要性。朱子治家格言亦谓:“兄弟叔侄,须分多润寡;长幼内外,宜法肃辞严。”表明兄弟叔侄要按自己的能力及实际的需要互相帮助，而家中的事项应以长幼有序的家规法则来处理。然而,兄弟姐妹之间的争执嫉妒是自古以来既有的情况。帝舜受同父异母的弟弟欺负,迫得要下田耕作,多番受到陷害。清朝康熙驾崩之时,众多皇阿哥为争夺皇位而各怀鬼胎,甚而大开杀戒,最终由四太子登位成雍正皇帝。著名的成语故事“七步成诗”中,曹植为兄长曹丕所妒才,在感慨之余写下“相煎何太急”之句。一般家庭虽没有皇位之争,但子女之间的争执往往令父母愁于处理。

现代家庭对长幼有序的看法渐为淡化。台湾学者杨国枢 (1981)以文化生态学的观点指出,长幼有序的规条适用于封建农业社会。农业生产讲求集体劳动和分工合作,形成家族集体为生产单位。而农业收成的瓜分,有赖社会约定俗成的规条以排解争执,故此长幼排序起着维持社会家庭稳定的作用。然而,现代社会以工商业发展为基石,强调个人主义,讲求个人成就及平权。家庭的权力分配,不再以年纪辈分来作安排。现代父母不会要求年幼子女对兄姐谦让、毕恭毕敬。这种平权的看法,配合了现代社会的人人平等信心,但却令争执冲突无既定方法去解决,以致间接增加了不和的机会。子女之间能否和睦相处,视乎他们的人际沟通相处的技巧。

从成长的角度来看,兄弟姐妹是难能可贵的资源,起着父母和其他成年人不可替代的作用。手足既是无须预约的玩伴，是重要的情感支援,亦提供了宝贵的学习机会。孩子往往从其他子女身上透过直接传授或者间接观察,习得各方面的知识、态度、价值观和行为。例如,姐姐会踏单车,妹妹便不甘示弱要学踏三轮车;弟弟首次接触猫儿有点害怕,然而看见哥哥与小猫玩耍,害怕的心情一下子便消失了。英国心理学家邓恩 (Dunn, 1993)指出,手足之间的相处是互补及互惠的。姐姐长于数学,可以协助弟弟在家课上克服疑难。在公园玩耍时,弟弟则替性格内向的姐姐招来一同游戏的伙伴。手足之间讲求平等的交往,这次先让你踏单车,下次到打秋千时则让我先玩。这与亲子之间的相处有异,因为父母一般以孩子为重,为他们照顾及打点一切,而同时要行使权威去管教孩子。手足关系为孩子将来面对外间世界的待人处事作出预习,对他们在社交及情绪的发展上起很大的作用。

可惜手足关系不一定和谐融洽,自古以来兄弟阋墙的故事多的是。兄弟姐妹之间相处,取决于天赋及后天的多元因素。综合西方研究所得(Shaffer, 1988),孩子的年龄、性别组合及脾性均会影响手足关系。同性别子女之间的相处较多正面行为,而感情亦较异性组合来得深厚。而年纪较相近的兄弟姐妹,因兴趣和需要相似,一方面感情可能会比年龄差距大的手足组合较深,但同时往往造成较容易有争执的情况。另一个重要因素是孩子的脾性。要是家中的小朋友全是要强的硬性子,难免在日常相处中出现火星撞地球的局面。脾性若能互补,则较易产生和谐的关系。在此当中,父母在处理子女间的相处方面亦扮演了极为重要的角色。根据一项长期追踪研究(Volling & Belsky, 1992)所得,母亲与孩子的依恋关系,以及父母亲对孩子的关爱程度,均会影响子女之间的相处。一个充满爱心和共同分享的家,子女关系亦容易来得融洽。父母亦须多注意子女之间的相处,在适当情况之下介入处理。

3. 独生子女

手足关系为成长带来契机,可是现代家庭只生一个的比比皆是,这可是好现象? 20世纪五六十年代,子女成群的现象,现在看来已成为奇观。香港妇女的生育率偏低,不少现代妇女对生儿育女抱有保留的态度。她们一方面考虑个人职业发展及兴趣,而另一方面亦担心栽培子女所需的心力和资源。在这种情况下,不少家庭都自愿选择只生一个。相反，中国内地在人口膨胀的压力底下，强制推行一孩政策多年，不少家庭被迫只生一个。这措施在城市推行的进度及成效较好，而农村地区仍以农业生产为主要经济来源，多生子女(特别是男丁)对维持一家人的生计效益较大，故此一孩政策遇到的阻力颇大。

3.1 只生一个孩子有问题吗?

长久以来，传统文化尊崇儿孙满堂的大家庭。儒家思想中亦点明：“不孝有三，无后为大。”只生一个孩子的小家庭，会出现香灯后继无人的局面。而独生子女往往被视为个性孤僻、难以相处。此种看法在中国及西方社会都颇流行。

处理子女的手足关系

在不少家庭中，处理子女之间的争执往往是一大烦恼。不少孩子整天因小事和兄弟姊妹争执吵嘴。一下子是姐姐投诉妹妹占了最大的一颗草莓，另一下子是妹妹不满姐姐拿了她的铅笔去用。有些家长为此烦恼不堪，干脆每样食物、衣服、玩具都买两份一式一样，还把子女送到不同的小学就读，以减少见面和争执的机会。这样做固然用心良苦，但却因噎废食。以下，我们提出数点见解让家长参考：

(一)和谐的家庭气氛　良好融洽的家庭气氛，家人之间的互相关怀，是最重要的大前提。夫妻感情以及夫妇之间的分工合作，是子女关系的基础。

(二)鼓励孩子之间互爱、分享、合作及共同解决问题　从子女年纪小时便应该开始灌输及体现互爱、合作、分享的重要性，预防往往胜于治疗。和小儿子上街选购糖果时，建议他也为姐姐选一些，到回家后由弟弟亲自送给姐姐。当孩子年纪还小时，父母多安排一家人共同参与的活动或者游戏，游戏性质应不讲求能力、技能和胜负，而以大家一起参与为主，如合作用泥胶做一顿"美食"模型，一起去培养集邮或者园艺之类的兴趣等。

（三）不要将子女互相比较　孩子各自有自己的特性，互具所长。"你看妹妹多聪明，背默每次都九十分以上"之类的话，不但打击被埋怨的子女的自信，亦形成子女之间的竞争和嫉妒。

（四）对子女要同样疼爱，不应厚此薄彼　孩子的观察力很强，容易从眉头眼额中看到父母是否特别宠爱和偏帮自己或其他手足，这往往扩大了子女之间的争执局面。故此，父母应扪心自问，自己是否对某个子女有点疏忽，或者对其他子女过多偏帮。

（五）处理孩子之间的争执　在成长的过程里，孩子透过日常生活的体验去建立自己的道德价值判断。手足之间的争执带有这个正面的作用。在争执当中，他们有时会很执着公平，然而对公平的看法未必一定很成熟，例如，读小学的哥哥投诉，为何两岁的弟弟可以整天看电视，而他要晚晚做功课。父母不应完全漠视子女的观点，而要先尝试从他的角度来了解事情和接受他的心情，再从中引领他对事情有较全面的看法。

（六）当孩子发生争执时，无须急于出头作调停人　可以先让孩子解决纷争，除非他们无法解决问题才予介入，并以合情合理地解决问题为重，帮助子女达致和解的局面。判官的角色吃力不讨好，还是让子女从中学习调解纠纷之道。

（七）父母爱子女不分长幼　一般父母会较为宠爱年幼子女，或者要求年长子女作出谦让，这容易令年长子女感到不公平和不满。持平的态度很重要，同时亦应让子女明白，父母不一样的对待其实考虑到孩子

的不同脾性、能力和需要，但疼爱子女之心却是同样的。

从成长的角度来看，独生子女缺乏手足圈子，在社交能力上有一定程度的匮乏，这无疑令人担心会阻碍他们的群性发展。西方和中国内地的学者均对独生子女成长的课题感兴趣，纷纷作出研究。当中美国德州大学学者法尔博（Falbo）与其研究队伍总结在美国进行的各项独生子女研究，结果证明独生子女与有兄弟姐妹的儿童在性格和与人相处上并无显著分别（Falbo & Polit, 1986）。这推翻了独生子女性格孤僻、难以相处的看法，同时他们在智力、学业和社会适应方面都没有明显差别。法尔博认为独生子女的成长与家长怎样对待孩子有关，而当中父母的生育意愿是重要的潜在因素（Falbo, 1982）。在美国的社会文化中，只生一个孩子是父母自愿选择的安排，他们在衡量多种因素之后才决定只要一个孩子。这些父母对待孩子的方式可能跟有两三个孩子的父母相差不远。这情况与香港的家庭相若。而根据北京学者荆其诚等人（2003）的看法，中国独生子女是由一孩政策所造成的，不少父母是在不自愿的情况之下只可以生一个，因而导致他们对独生子女的期望偏高，而且倾向“望子成龙”，采取各种措施对自己唯一的孩子施行早期教育，这对促进独生子女的认知发展可能是有利的。根据荆其诚等人综合在中国内地进行的研究所得，暂时仍无法证实独生和非独生子女在个性特征方面的差异。然而，家庭环境和父母教养方式可能对子女成长影响更大。中国内地不少被视为“小皇帝”的独生子女，往往是因为父母、祖父母辈两代对孩子的热切期望以及过分溺爱所造成。独生子女的特性，是后天环境所带来的影响多于先天的因素。故此，在栽培独生子女的过程中，父母须注意教养方法，避免因只生一个的原因而对孩子过分呵护或者迁就。

3.2 培育独生子女

独生子女及有多名兄弟姊妹的孩子各自在自己家庭环境中成长，其实是各有其好处的。故此，家长在考虑孩子的数目上，可因应家庭的经济状态和夫妇二人的期望而订定，再在教养中作配合。孩子的成长须配合适宜的环境，除了供书教学、保其温饱之外，在性格、社群、相处方面亦须作出辅导。这点同样适用于独生子女和有兄弟姊妹的孩子。

独生子女较少机会与近龄孩子接触，故此家长应为孩子安排适当的同伴相处经验以作补足，例如在假日邀请其他亲友年龄相若的子女同游，或者参加适当的团体活动(如:幼童的游戏小组〔play group〕或者小学生的小童军)。与同龄或者近龄孩童的相处，与跟父母以及其他成年人一起的情况不同。成年人会对孩子作出迁就，又或者施以权威，而与同龄孩子相处必须学习顺应群体的要求。家长须多留意这点。

此外，亦应注意培养孩子自立的个性和同情心。“万千宠爱在一身”是不少独生子女的体验，然而只爱不管会造成许多问题。我们在本书第四章谈及的恩威型父母之道正是此意。关爱、管教和自主，三者不可缺一。每一个小孩子，都是一个独特的个体，应同样得到爱。只有一个孩子的家长，对待子女的态度应等同有两三个孩子的情况。同样，家中有多名子女的父母，也应对待子女犹如独生。这样的想法，会让家长平衡自己的管教态度。家长须明白除了爱之外，孩子也需要规范和指引，才会掌握待人接物的基本原则，从而产生自律。

4. 父母离异

诗敏很爱躲在家中的睡床下。那个漆黑的空间收藏着各种各样的杂物，还堆放了好几对鞋子，可供藏身的地方不多，很闷热，还脏脏的，带有一股很强烈的尘埃味道。然而诗敏觉得那里是家中最安全的地方。

爸爸和妈妈好像每天都会吵嘴，先是妈妈滔滔不绝的怨言，继而是爸爸声浪震天的咆哮，然后两人你一言我一语，最后妈妈哭起来，爸爸怒极夺门而去，要很晚很晚才回来。每次诗敏都很害怕。她用手掩着耳朵，声浪太大时，她就会躲在床下。那里才令她安定下来。有一两次，她还在床底因困极而睡着。终于有一次，爸爸离家之后一直没有再回来。诗敏有点想念爸爸，妈妈还是像以往般老是抱怨，偶尔会哭哭啼啼，但家中再没有人天天在吵嘴，而诗敏也没有再躲在床下。

类似诗敏的故事在无数的家庭中发生，令人感到无限惋惜。夫妻关系是现代小家庭的骨干。夫妇关系一旦出现了问题，足以影响家中的每一个成员，孩子尤其首当其冲。心理学家一直关注婚姻关系如何影响子女成长。在外国所进行的研究指出，和谐的夫妻往往是细心疼爱子女的父母，而亲子关系亦来得亲切。反之，夫妻之间常生争执并充满敌意的，父母多不能胜任家长的职责而倾向对子女严厉和诸多管制（Gable, Belsky, & Crnic, 1992）。不愉快的婚姻往往在子女身上留痕，形成不同成长阶段的行为问题（Reid & Crisafuli, 1990）。有些人认为，为了孩子的将来，他们宁愿哑忍关系恶劣的婚姻。然而从研究所得，夫妇之间的争执比离异更能预测孩子日后的情绪行为问题（Fergusson, Horwood & Lynskey, 1992; Hetherington, Cox, & Cox, 1982 ）。换句话说，若婚姻已到了无可挽救的阶段，倒不如心平气和地处理离异的生活问题。孩子在勉强地共同生活、终日争执吵闹的情况下生活，肯定受苦更多。父母是孩子首个学习对象，孩子会在家庭环境里掌握人际关系的技巧和要诀。父母之间的互处、沟通、互相扶持，对孩子处理人际关系起着极大的示范作用。夫妇常生争执，家毋宁日，孩子便没有机会去学习如何处理亲密关系，亦对婚姻失去信心，这给他们的成长带来可能无法磨灭的阴影。

4.1 祸延下代？离异对子女成长的影响

广东人有这样的说法："宁教人打仔，莫教人分妻。"这句话表明了婚姻关系作为传统家庭主干的重要性。然而封建农业社会以血缘关系作为首要，夫妻最重要的任务是传宗接代，开枝散叶，夫妇感情反而是次要的。只要能守着家庭以能子孙绵长便完成大任，故此离婚并不普遍。现代家庭重视婚姻中的感情成分，在恋爱成熟才结婚的信念底下，婚姻的基础在于夫妇的感情。感情破裂的话，空守着夫妻关系也没意思，故此造成现代婚姻的离异率高涨。然而婚姻破裂亦造成家庭破裂，受苦的不单是夫妇二人，亦包括膝下的子女。

从孩子的角度来看，父母离异的确是难以接受的事情。在分居及离婚初期时，孩子会出现情绪困扰及行为问题。这些症状包括愤怒、恐惧、内疚、情绪低落等内导情绪反应，又或者是导致攻击、反叛行为，学业成绩退步、同伴关系恶化等外导行为问题（Kely & Emery, 2003）。一般来说，女孩子倾向较多内导情绪反应，而男童会较多呈现外导行为问题。在父母离异期间，孩子难免出现这些情况。而这种情况有多严重，或者维持多久，视乎好几项因素。

首先，孩子适应能力因年龄而异。稚龄孩子因其有限的认知和情绪调节能力，未能完全理解父母离异的情况。他们或会以为爸爸妈妈分开是因为自己顽皮或者做错事，于是情绪反应会来得剧烈，并不懂寻求开解的方法和渠道。然而当他们情绪日渐平复后，心灵上的创伤亦会慢慢痊愈。相对来说，青少年容易理解父母分开的原因，亦能够自行在家庭以外找到朋友的支援，可是须留意青少年可能会对家庭完全放弃，无心向学，一旦在外交上不良朋友，容易习得不良习惯。其次，孩子的脾性会影响他的适应能力。本身脾性是属于难带的一类，一般较难适应父母离异，而他的不讨好性格往往令他成为出气袋，招来成年人的喝骂，令郁结的心情更难平复。孩子处于不稳定的高压环境，未能接受到足够的关怀和照顾，会令离异的压力百上加斤。父母本身在离异过程中，心情当然不好受，但须多加爱惜及关心无辜牵涉其中的孩子。其他的亲人若能在这段期间提供感情上的支援，会令孩子的复原加速。

不少离婚父母担心会连累子女一生而感到内疚。因此，心理学家十分关注离异对子女的长远影响，并就此而进行多项研究。总结多年来各项有关研究的结果，发现在离异家庭长大的孩子相较在完整家庭长大的孩子，在心理和社交等适应方面表现较差，但差异的程度并不显著（Amato & Keith, 1991; Kely & Emery, 2003），主要原因是离异给不同的家庭带来不同程度的影响，而当中受到多种因素所调节，包括离异前后父母的关爱程度和管教方式，以及家庭内的冲突和争执。总括来说，从研究的角度来看，并不能直接证实离异对孩子造成永久及无法弥补的损害。不可否认，离异给家中各成员都带来痛楚，但伤口能否有机会复原，视乎家成员的努力以及周边因素。

4.2 处理离异家庭的关系

家庭本身是一个复杂的单元。系统理论对家庭运作的奥妙及多元性提供了有用的解释，对扶助离异家庭亦有很好的建议（Emery & Dillon, 1994）。从系统理论的角度去看，父母离异等同于夫妇次系统的崩溃，这次系统的运作和功用不再继续。然而夫妻次系统牵涉的两个人物，依然要为亲子系统的正常运作而努力。例如：伟文与美珍虽然决定分开，但他们依然是乐贤的爸爸和妈妈，并且要为乐贤的健康成长尽力合作。故此，离异后最大的挑战是父母亲如何能放下前嫌，改变过往 的相处方式，去为孩子的成长而共同面对挑战，当中的一大要诀是明白及接纳角色转变。只可惜不少离异夫妇因一时之气，从争取抚养权开始，不断地把孩子当作磨心，以绝不妥协的态度去处理孩子的教养问题，其实只不过是借孩子来延续还未吵完的架，受罪的肯定是孩子。

夫妻离异后亦是父母，无论是负责抚养的一方与否，都有权及有责任继续担起家长的角色。离异后两人无法可以像一般夫妻紧密及有默契地合作，故此更应该尽早把各人的看法讲清楚，划分好个别的责任，并尽力达致共识。从系统理论的角度来看，这样做是把父母次系统的界线和权力分布重新划分。在面对孩子时，父母不应说对方的坏话，又或者强行要求孩子在父母二人之间作出取舍以示忠诚，这样做只会令孩子伤心及无所适从。非同住的父母要对子女不离不弃，清楚向子女表达自己依然爱惜他们。此外，父母不应为了争取孩子的欢心而骄纵他们，在孩子面前诋毁对方的教养方法；又或者对孩子抱有内疚的心而作出过分补偿。这些做法令孩子在父母二人当中产生复杂的三角关系，令孩子无所适从。

5. 小结

“家家有本难念的经”，家庭的运作素来就不简单。家庭的基本元素是情，包括夫妇、亲子、手足之情。而家庭能否畅顺地运作视乎它的凝聚力、灵活度和沟通能力。我们在这章内透过家庭系统理论的架构勾画了家庭的各种状况。希望父母读后，能作为家庭系统的领导人，能维持家庭的爱心、稳定和畅顺运作。

成长的生态环境

前美国总统克林顿的太太希拉里，是近年来最为人注目的总统夫人。在克林顿卸任之后，希拉里当选成为纽约州参议员，一圆自己参政的梦想。希拉里本身是位出色的律师，曾当选全美一百名最有影响力的律师。她在耶鲁大学念本科时主修心理学，于克林顿任职美国总统期间，致力于家庭儿童福利工作。她撰写了一本书，名为"It takes a village"(Clinton, 1996)，意译是"全村人群策群力"。此书名源自非洲部落的谚语，指培育下一代要动员整个社会，不单靠父母的悉心栽培，亦需亲朋邻舍甚至整个社群的参与。这个看法覆盖多层次成长的环境，正符合了成长生态学的观点。我们同意抚育成长必须由家庭以外的社会环境作出配合。在这一章里，我们会介绍成长环境的多层次性质，让家长了解家庭以外的周边环境对培育子女成长的影响，还会就其中一个成长环节"双职家庭"所面对的挑战作出探讨。

1. 多层次生态环境

俄罗斯文化传统中有一种玩意，是一组六个木造的不同大小樽形空心娃娃，每个娃娃的身上都绘上美丽缤纷的衣服，其巧妙之处是樽形娃娃可依其大小互藏于中间空心的地方，变成一个大娃娃内藏着五个小娃娃，很是别致。在俄罗斯文化中，最外层的大娃娃代表了健康的母亲，内里套着的小娃娃是她的子女，寓意为子孙绵长。美国康乃尔大学学者布朗芬布伦纳（Urie Bronfenbrenner）以俄罗斯娃娃来比喻儿童成长的多层次环境互相紧扣，深深地影响着儿童的福祉。他以成长生态学观点指出，除了孩子的先天因素和家庭栽培之外，家庭以外的社会环境亦对孩子有深远的影响。要了解社会生态环境，我们可以同心圆圈作喻将之划分为四组互动的系统层次（见“多元生态环境”图）（Bronfenbrenner, 1986）。

第一个层次“微观系统”（microsystem）包括家庭、学校、同伴等不同圈子，是孩子直接参与的基本社会环境，对成长的影响直接又深远。本书的大部分章节，都集中讨论微观系统的效用，包括亲子依恋关系的长远影响、同伴关系和孩子的群性情绪发展、学校教育对孩子的学习行为和动机的影响等等。

第二个层次“中层系统”（mesosystem）包含了微观系统之间的互动。本系统内各个圈子并非完全独立运作，反而是相互之间有紧扣的关系。家长与学校之间的协作是一个典型的例子，我们已于前面第七章作出讨论。此外，亲子关系和朋辈关系之间的互动在青少年身上特别显著。在这段期间，孩子与家人的关系会逐渐减弱，而朋友关系及影响则日渐重要。家长对子女交朋结友可以发挥很重要的示范和监控的作用，而朋友的交往亦会影响青少年的家庭关系。如何在这两者之间取得平衡是孩子成长过程的一大挑战，这反映了中层系统的互动特色。

第三个层次“外在系统”（exosystem）是指孩子没有直接参与的环境，但其对孩子成长亦有重要的影响。这包括父母的工作环境、学校或者政府的教育决策单位、家庭所处社区等。其中父母的工作直接影响情绪、时间分配和经济能力，故此会间接影响孩子所面对的家庭环境。

最后一个层次是“宏观系统”（macrosystem），它囊括了其他三个层次的社会文化、价值取向、意识形态等等。香港这个城市的独特文化背景，透过家庭、学校、传媒及其他社教化媒介对儿童起着潜移默化的作用。香港独特的历史背景和回归中国的政治过渡，都一一反映在生活方式、教育制度、价值意识之上。例如，香港教育的目标之一是掌握两文三语，让下一代将来面对国际地球村社会作好装备。此外，教育目标亦针对国民身份认同的培养，让孩子对转变的政治社会文化作出适应。近年经济环境急剧转变，社会气氛亦随之变得失落悲观起来。孩子身处其中，必然间接或直接地受到冲击，这些都值得家长和学校注意。

多元生态环境

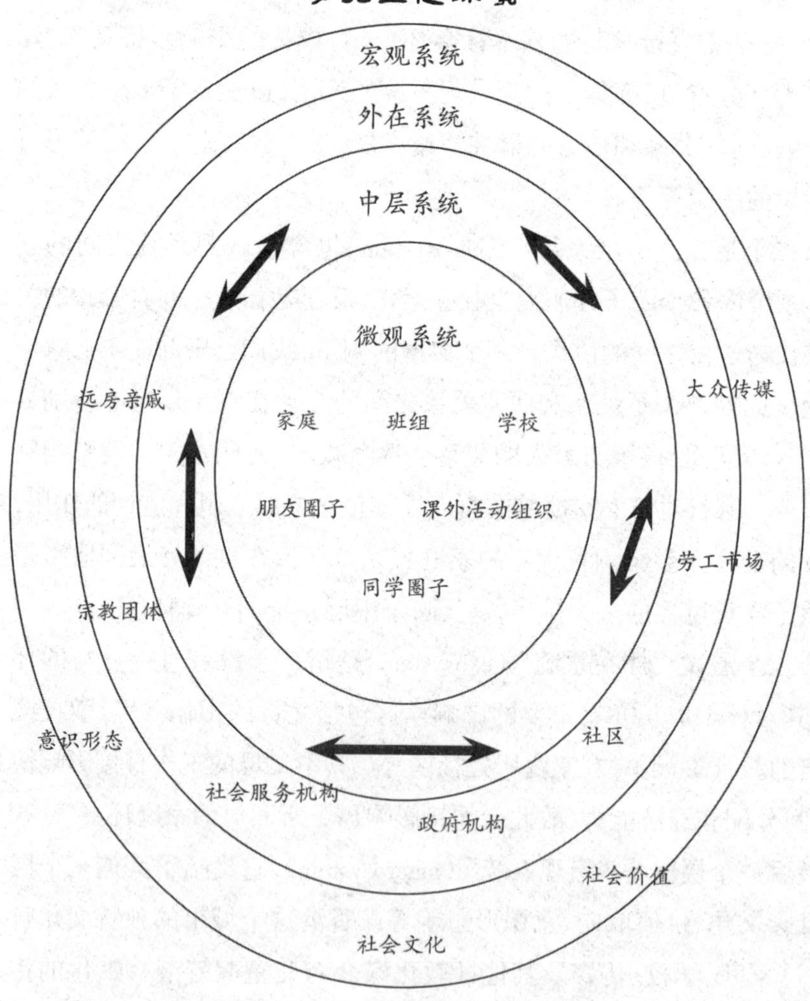

这四组生态环境让我们了解影响成长的多元因素，并可以就不同层次去分析情况和构思应付策略。让我们一起看看一个令家长头痛的问题:孩子的书包太重了。只有1.2米高的小孩得背着一个重逾四公斤的书包上学,内里塞满了书本、习作簿、练习纸、笔盒、美劳用具,还有零食,实在不堪负荷。有些家长让孩子拖着一个附手把和轮子的行李箱似的书包,像空中服务员般上学去,情况叫人摇头叹息。为何会出现这样的问题?有什么可以解决的方法?我们尝试以布朗芬布伦纳的多层次成长生态环境观点来作分析,便能理解这问题一点也不简单。首先,书包太重是孩子要面对的自我照顾能力问题。这是个微观系统的着眼点,把问题放置在孩子的身上。解决的方法是由老师教导孩子如何收拾书包,例如哪些东西应该带回学校,哪些可以留在家中等。从中层系统的角度去看,书包过重可以透过家校合作解决,例如学校定期发通告让家长明白学校课程的要求和进度,使家长可以协助和督导子女去收拾书包,减轻负荷。以上的建议都是简单直接针对书包过重的情况,亦是学校普遍所采用的方法,但是问题依然存在。这反映了书包过重并不纯粹是与孩子和家、校合作有关,我们须从两组基层系统以外的社会环境去找寻问题的根源和解决方法。从外在环境的角度来看,学校的政策和运作影响着对学习的要求,故此可以从这里着手解决问题。例如,学校在编排上课时间表时,应避免将需要大量课本练习的时间安排在同一天进行;教师之间对课程的不同要求可以作出配合，以减少重复或者不必要的指定参考书;而学校在选择课本时可以要求出版商采用较轻巧的纸张等。孩子没有直接参与其中的过程,但能从中受惠。最后,宏观系统的角度亦是很重要。先想想欧美国家有没有书包过重的问题?没有。因为当地课程一般都不倚重课本和练习。这种对比反映了本地学校过度侧重课本讲授和技能操练,而忽略了校本课程发展和课室以外的学习体验。由此可见,考试主导的教育体系才是书包过重的元凶。一个书包让我们理解成长生态环境的复杂性,亦令我们掌握影响孩子成长的多元因素。

布朗芬布伦纳指出:儿童成长的最佳环境,来自各系统层次的配合和调适,令到整体环境能发挥最大的效用。故此,家庭、学校、邻舍、传媒以及政府必须群策群力,以下一代的利益为出发点去互相配合。这点尤其为双职家庭所面对的挑战带来启示。现代家庭多为双职,父母皆外出工作,照顾子女的问题随之衍生,家事的职责亦得共同分担。在这种情况下,周边成长生态环境的配合更显得重要。妇女外出工作,是社会大势所趋,亦是不少女性的个人选择。从较保守的观点去看,妇女就业破坏了"男耕女织"和"男主外,女主内"的家庭规律,故此对孩子的照顾很可能造成影响。母亲在职固然会对家庭造成压力,家务与孩子的照顾均须另作安排,然而对子女成长却不一定带来负面影响。从 20 世纪 70 年代以来所累积的研究成果可见,影响程度视乎多元因素,包括母亲就业的理由、孩子的年纪及性别,以至父亲及亲友邻居给予的支援(Scarr, Phillips, & McCartney, 1989)。若然母亲能透过外出工作而提升成就感和自信及享受较佳的社交生活,自能以更佳状态去处理家庭生活和关系。当中,能妥善安排家务分配和照顾孩子是双职家庭的两大挑战。以下我们将以成长生态观点去探讨这两个问题。

2.谁来护幼?

在双职家庭里,孩子由谁来照顾是一个很重要的考虑,尤其是家中有幼童或者婴儿的话,这个问题来得更迫切。传统家庭一般不存在这个难题,因为家中往往是三四代同堂一室姑嫂,孩子都由家中女性共同照顾。然而现代家庭大致上是核心小家庭不与长辈同住,故此孩童照顾成为现代家庭的另一大挑战。从家庭资源管理学角度来看,家庭面对日常生活时须有效地调动内在和外间资源(Rettig, 1992)。这些资源包括时间、精神、心血、金钱、物资,以及各种处事解难的策略。现代双职家庭须动用父母以外的人力资源来照顾孩子。以香港的情况来说,一般的选择是把孩子交给老人家或者外佣负责照顾,以下会就这两类安排作出探讨,分析其利弊。我们亦会探讨托儿服务和一些工作上的配合安排,以提供一些另类选择。

2.1 如有一宝

传统文化中的家庭观念往往是"家有一老,如有一宝"。长者诚然是家庭可动用的宝贵资源。在中国传统社会里,老人家累积的生活经验及待人处世的智慧非常珍贵。例如,妇女在产后坐月子期间吃姜醋和不可洗头等守则,有利本身增加铁质及以防着凉。中国传统文化着重家庭关系,往往把"自己人"和"外人"区分清楚(杨国枢,1992; Goodwin & Tang, 1996; Triandisetal. 1988)。家人是自己人,借着血缘相连,大家互助互爱,可信赖并能交托重任。外人处于人伦网络以外,无法为其关系、责任、义务订下清晰的界线,故此外人被视为不可信。照顾孩童这重要任务顺理成章应交托给自己人。这种看法在现代社会依然根深蒂固。本书作者之一在香港进行的一项白领妇女研究(Tam,2001)中,一位年轻母亲表达了这样的心声:"我自己很羡慕其他人有老人家照顾小朋友……我认为这样最能令小朋友得到爱惜,最得宠……其实最温馨、最放心的安排是交由老人家照顾。"这番话充分表现了本地家长对亲属的信心,然而这位在职妈妈却没有作这样的选择,相反的她聘请了一位外佣来照顾稚龄儿子。由此可见,家庭之道从来就不简单。

家長學堂

孩子交由他人照顾会有问题吗？

很多父母舍不得将孩子交托他人照顾，担心对子女成长会有影响。让我们从依恋关系的角度来分析这个问题。依恋行为的重要性在于建立孩子对自己和他人的看法，进而影响孩子成长后的性格和与他人的相处。以传统家庭分工来说，婴儿的照顾一般由母亲来负责。换言之，母婴之间的关系对儿童成长十分重要。这种看法不单只受依恋学说者鲍尔比的支持，其他心理学大师如弗洛伊德亦十分强调母子关系的重要性。那么是不是由母亲亲自带领照顾的幼儿，其成长就一定会好一些呢？现代家庭的夫妇二人一般是双职，不少母亲因工作关系而未能亲自长时间照顾其婴儿，唯有靠家人或者另聘女佣以照顾小孩，亦有人采用托儿服务（如：育婴院、托儿所等）。不少人担心，这是否会影响了幼婴发展依恋关系的机会呢？凯根（Kagen，1978）曾经做过一个研究去比较两批幼儿。一批是有妈妈带着的幼儿，另外是放在托儿所的幼儿。研究结果显示，若托儿所的职员受过严格的训练，有着较高的照顾素质的话，那么这两批幼儿在长成过程中所表现出来的差别就并不大。凯根的研究告诉我们这两批幼儿在行为上并不存在很显著的差别。换言之，双职家庭中成长的孩子不一定比由母亲亲自照顾的孩子差，而替代父母亲的照顾者的素质十分重要。故此，家长在选择外佣、保姆或托儿服务时，必须细心挑选，认清他们是否有经验，以及对小孩是否有爱心和耐性。

另一个令不少双职家庭担忧的问题是：由于照顾幼儿的人与小孩日夕相对两人会否因此而建立紧密的依恋关系，甚至小孩会错认他人为母呢？其实，双职庭父母无须过分担心这个问题，也不必妒忌家佣与孩子的亲密关系。有关研究显示，孩子能与多于一位成年人建立多元的依恋关系（multiple attachment）。其中一项研究在以色列进行（Sagi et al, 1985）。在该地的实验农场（kibbutz）里，来自不同家庭的成员通力合作，致力农业生产，在煮食、照顾孩童的事务上，特派成员负责，孩子一整天都周旋在父母以外的成年人身边，晚上才与父母一起。在这种生活安排下成长的孩子，一般都没有依恋关系上的问题，这证明了孩子有足够的韧力去面对及适应不同照顾者的成长环境。这也是说，孩子能同时与父母亲、祖父母、佣人及其他身边的成年人建立正面的依恋关系。孩子受到多位成人的疼爱，远胜于从无受到任何人的关心照顾。故此，家长无须心存妒忌。从依恋关系理论的角度来看，双职家庭父母必须抱有"一分耕耘，一分收获"的心态，在工余尽量争取时间与孩子相处，以期建立紧密的亲子关系。千万不要完全依赖他人的照顾，而对孩子的成长有所忽略。

现代社会情况急速转变，家庭关系亦从过往依附亲疏远近的准则，演变成现在的随个人意愿作选择(李沛良，1991)。长者在家庭中渐渐被视作可有可无。老人家的智慧并不一定受用，年轻一代往往认为长者的看法和忠告追不上时代。在照顾孩子方面，亦有不少人认为老一辈的方法已不适用于现今社会(Tam & Detzner, 1998)。将孩子交托长辈照料，无疑能确保子女在身体上得到妥善的照料，长得肥肥白白，然而亦有家长担心老人家无法启发小孩的智育发展，令子女的竞争力打折扣，甚至会纵坏孩子。

核心家庭的兴起，致令家庭权力核心从长辈转移至父母。从前家中由辈分最高的人掌权，这人可以是祖父、曾祖父。当男性长辈不在世时，祖母、曾祖母等女性亦可以当家。其余家人则以辈分排列其家庭地位。旧式家庭因此有颇清晰的规条，大家都按辈分行事，争执冲突自然减少。媳妇就算不服气，也得待自己成为儿媳的婆婆时才有出头的日子。然而现代小家庭面对同类型问题的章法却是完全两回事，后辈往往宁愿按照自己的看法、意思行事，老人家意见多多反而是烦事，争执的机会由此大幅度增加。照顾孩子这类事情更容易成为冲突的源头。不少家长，特别是母亲—对于在管教孩子方面谁掌话事权感到为难。他们认为老人家不能如外佣般绝对听从自己的指示，这样容易影响婆媳关系，而且就算不满意老人家的教养方法时，也无法把他们辞退（Tam, 2001）。由此可见，任用"自己人"也有麻烦的地方。故此，家长在考虑由长辈照顾子女时，除了顾及自己家庭需要，长辈的意愿能力、双方相处如何亦是重要的先决条件。此外，合作的基础和准则也很重要，切勿视长辈如廉价劳工。我们将在后面的章节探讨合力照顾孩子时须注意的地方。

2.2 家有外佣

不少家庭雇用外籍女佣来打理家务及照顾孩子。香港有近二十万外籍家庭佣工，当中大部分受雇于有年幼子女或长者的家庭，可见照顾孩子的需求殷切。然而，家长的心声却往往透露对这种安排抱有疑惑，他们对于要将照顾幼童这重要任务交托给一个陌生外籍人感到无奈，看成是没有选择中的选择（Tam, 1999）。以下是一般对雇用外佣照顾孩子的疑惑，我们会逐一作出探讨。

"外佣可以信赖吗？"外佣一般是素未谋面的陌生人，家长只能凭着介绍所的简单描述，一两帧照片以及数分钟的录影带来作粗略认识，可以信赖的可能只有一纸医疗验身报告，然而却得把整个家庭的上下各事都交托给这位陌生人。外佣是否可靠和有没有足够的工作能力，似乎都得看运气，难怪不少家长对外佣缺乏信心，部分更在家中安排摄录装置，以便在外出工作时可以监察家中情况，看看外佣有否偷懒，有否对孩子疏于照顾甚或粗暴对待等等。过往的确有家长揭发子女被虐的情况,最终送官究治收场。由此可见雇用外佣有一定程度的风险,家长不能掉以轻心。只是摄录安排有违隐私权的原则,未必是良方妙药。雇用外佣有若开设一所只有一位雇员的公司。外佣是一名雇员,正如绝大部分雇员都希望能把工作做好,得到雇主的信任和继续聘用。家长好比一人公司的经理,应如经理般把工作范围清楚界定交托予员工,同时亦应细心监察跟进员工的表现,在有需要时向员工提供援助,而当工作表现欠佳时也可以考虑辞退员工。维持良好的宾主关系是发挥工作效益和建立信任的要素。在家中安装摄录机去监视外佣的工作,恐怕会破坏劳资双方的信任和影响员工的士气。双职家长可于外佣受雇初期自己回家(或者安排亲友到家中)作突击探访,同时自己亦须多留意家中的特别情况(如检查婴孩身体状况),这些安排有助监管跟进佣工的表现。

“外佣会宠坏孩子吗?”听过这样一个故事:母亲带着孩子上街,恰巧遇上了多年没见的朋友。朋友刚从菜市场回来,看见孩子趣致可爱,便从手包里拿出一个甜橙来送给他。害羞的孩子一手接过橙之后,两眼发呆地瞪着陌生人。做妈妈的赶忙提示孩子:“姨姨送你一个橙,你应该说些什么呢?”孩子想也不想把橙递给阿姨,说:“剥皮。”现今的孩子往往“衣来伸手,饭来张口”,过于依赖他人的照顾。这种情况尤其在雇用外佣的家庭来得普遍。难怪某著名男校校长发现中一学生上学仍然由家长或者外佣代背书包,便“看见一个骂(批评)一个”。今时今日大多数家庭都只生一至两个孩子,对孩子的期望都很高,务求为孩子提供最妥善的照顾。雇用外佣的家庭亦往往以消费者心态要求佣人提供最殷勤的服务,要求照顾子女无微不至,而佣工为了保住自己的工作,对雇主的吩咐又岂敢不唯命是从。宠爱孩子是普遍家庭的现象,一旦出现宠坏了的情况,家长是难辞其咎的。外佣不是孩子的家长,只是协助家长照顾孩子,管教子女和栽培子女成材终归是父母的责任,不要期望外佣在照顾孩子起居饮食以外有重大的贡献,亦不要把宠坏孩子的责任推到外佣身上。家长应该订下清楚的管教子女方针,并且清晰地告诉子女和外佣,并要求合作跟从。你不想孩子完成功课前看电视的话,便应清楚通知孩子。孩子不合作时应怎样管教,亦应预先想清楚和告诉外佣,让她可以落实执行。说到底,管教子女的重任依然落在父母的身上。

"外佣的英语发音不准确,会妨碍孩子的双语发展吗?"孩子的语言环境由家庭、学校、社区以及传媒所组成,语言发展亦受着不同层次的环境所影响,外佣只是众多因素之一。孩子尚在襁褓时,外佣通常是身边唯一操英语者,故此小孩此时所学的英语亦会带不纯正的口音。然而一旦孩子开始上学,社交接触面扩大,英语环境开始丰富时,他们的英文口语自然会因校内所学而转变。正如美加第一代华人移民的英语仍带浓厚的中国口音,但他们的子女都操流利英语,正反映了语言学习受家庭以外的环境所影响更大。又正如香港早年的富家子女大都由地方口音甚浓的顺德女佣照顾,但他们绝无因此而习染了乡音。父母不应责难或者取笑佣人的口音不纯正,毕竟他们跟我们一样,以英语做第二语言。英语是国际语言,不同国家会以稍有不同的方式说英语。英美两个主要英语国家的人发音尚且有不同,更何况是以英语做第二语言的人。

2.3 全"屋"人群策群力

培育子女成长,的确如希拉里所言,是"整个乡村"的责任,双职家长须借用外力来完成任务。这些外力包括了雇用外佣或者由老人家帮忙照顾孩子。整个育儿团队能否发挥水准,视乎家长能否掌握及实行以下两项基本原则。

(一)发挥足球队精神 照顾孩子是团队工作,视乎家庭的情况,团队包括了父母、外佣、祖父母,或者其他在孩子日常生活中出现的姨姨、婶婶、叔叔。团队成员必须充分合作,向着成长目标迈进,才能有效地发挥工作。这个情况就像足球队一样,成员的岗位和角色各有不同,有守龙门、前锋、后卫等，但大家要目标一致，并充分合作，就是为了向着对方龙门射入球。试想象一场足球比赛中各方均有三四个龙门要攻的话，传球、拦截都会变得很混乱。在育儿方面，家长与外佣的责任以至角色不尽相同，但目标应该是一致的。换句话说，龙门只应有一个。有些人认为，父母在家中应该一个严、一个宽，孩子才会乖乖就范。我们却认为家中管教方法不一致的话，容易令孩子有机可乘，在成年人之间来回操控。例如孩子心知妈妈管教严厉，每次想要吃糖果或者看电视的话，都晓得向爸爸撒娇，而爱子情切的爸爸都乖乖就范。如此这般孩子会变得看风使舵，管教目标就难达致。

（二）照顾孩子的团队必须有人带领，而父母就是这个重做个强势领导人要的领导人。领导人具有决策权、话事权，而团队工作的目标及方向，亦应由领导人去决定及推行。大部分聘用外佣的家庭皆为双职，父母均须外出工作，但家长的责任，不应因为在家时间短少而减轻。家长应该将育儿工作有条理地分摊给团队内的成员，并让他们理解和协助自己的育儿方向和目标理念。例如，若家长认为孩子要先完成功课才能看电视的话，便应让带孩子的外佣或者老人家清楚知道，并要求他们协助执行。于教养孩子来说，“无为而治”的领导方法弊多于利。

2.4 其他选择

很多双职家长都觉得在育儿方面选择不多，结果“被迫”雇用外佣。其实除了长辈和外佣两项选择之外，家长亦可扩阔目光，考虑一下其他的选择，包括托儿服务以及工作上的另类安排。每个家庭的情况都不同，家长须从面对的具体环境中发掘最合宜的照顾孩童的安排。

在香港，甚少家长考虑幼儿园或者育婴园等设施，而这些服务往往不为市民所了解或者认识，一般人总觉得小孩在托儿服务中会受到不足的照料，或者觉得孩子的境况很凄凉。托儿服务在欧美国家很普遍，而不少服务皆为质素甚高。托儿服务不单只填补父母亲无暇照顾的空缺,更为小孩子提供家庭以外的充裕环境,以帮助他们在入学前打好基础,为将来的学习作出准备。以美国来说,由联邦政府资及推动的名为“从头开始”(Head Start)的服务已开展三十多年,主要为低下阶层零至五岁儿童服务。当中的理念,是这些儿童因家庭经济和环境的限制,没有得到充分的栽培,故此这项服务为他们提供均衡的饮食营养和启发智能、情绪及行为的活动,令他们能接受到与其他中产阶级的孩子一样的成长环境。这项服务的理念正好反映幼儿服务的补足功能。

香港的托儿服务主要由志愿机构主办,为特区政府所监管,分为育婴园以及幼儿中心两种。育婴园是为初生至两岁婴孩而设;幼儿中心是为2~6岁的学前儿童服务,提供照顾及学习活动,形式和服务内容跟幼稚园相似,但一般来说较多提供全日服务并供应膳食及午睡空间,服务由社会福利署规管,守则要求亦较幼稚园严格。不少研究尝试探索托儿服务对成长的影响,当中所得的结论甚为参差,难评定其成效(Scarr, 1998)。这是因为托儿服务的质量差异十分大,而影响托儿服务成效的因素亦相当复杂。从美国的经验来看,身处不利环境的儿童(disadvantaged children)在托儿服务中的得益较为明显,对普通家庭的儿童则无显著的正反面短线或长期的影响。其实托儿服务只是孩子成长的一个环节,对孩子的影响有限。父母的培育和遗传基因更能左右孩子的成长。故此,家长无须对托儿服务抱有戒心。有兴趣考虑托儿服务的,可以往育婴园或幼儿中心参观,以亲自观察服务的水平。以下是几项选择托儿服务的原则,以供家长参考:

(一)托儿服务的工作人员是否友善可亲?有否受过专业训练?

(二)设施是否足够及整洁?

(三)负责人对照顾孩子的理念怎样?

(四)托儿服务的口碑如何?

(五)孩子的性格及身体情况是否适合群体生活和学习活动?

(六)父母是否有足够心理准备及配合?

双职家庭要解决孩童照顾问题，除了从直向思维出发找寻照顾的替代者之外,亦可以运用横向思维去考虑全职以外的另类工作安排。若父母的工作时间能作出配合的话,便能省却借求外力照顾孩子的需要。主流工作一般是朝九晚五一周五天半,自然难以腾出空间作调适配合。护理人员、纪律部队、便利店售货员皆须轮值工作,这些都是有便照顾子女的安排。而兼职或者自雇工作(如:私人补习、钢琴教师、家务助理等),亦有利夫妇协调合作照顾家庭。

近年,外国的机构企业容许职员选择“弹性工时”(Flexi-time)和“工作共享”(Job share)以便照顾子女。弹性工时安排容许雇员在一周之内弹性选择工作时间,只要能做满指定时间即成。例如,英国于2001年底通过法例，容许有年幼子女的父母向其雇主要求安排迎合他们照顾子女的上班时间,而雇主必须因应该请求及公司的情况作出回应,是项法例将由2003年起实施。至于工作共享则是由两位员工共同受雇于一个职位,工作量及工时都由二人协调共同分担,而薪金及福利亦由二人分享。这种安排一般是雇员自愿参与，并由共享工作的同事自己作出协调。这种安排在北美和澳洲颇为普及,在香港暂时仍未算太普遍,但在经济前景不明朗的情况下，不少企业或机构开始愿意让员工以非全职身份去作不同的工作时间安排,以减轻裁员的压力。例如:香港教育统筹局为解决小学教师人手过剩的问题及考虑财政赤字的压力，曾经积极考虑推行二人一职或者三人二职的安排。要全力推行这些另类工作安排,雇主必须体恤员工的家庭需要,并愿意就此为雇员提供协助。这种企业与家庭共同分担孩子成长的目标，正是布朗芬布伦纳的生态系统理论倡议的要点,体现了“群策群力”的理想。

3.谁来当家?

双职家庭面对的另一个挑战是家务。在不同的社会及文化当中,女性往往担起了家务及照顾家人的“天职”。当女性也要上班的时候,便得将家事重新分派给家庭成员,包括丈夫和子女。然而,尽管过去二十多年来香港的女性劳动参与率一向是亚洲地区之冠,但是男性做家务的情况依然有待改进。根据在香港进行的研究所见(小童群益会,1990; Lit, Fok & Ip, 1991),父亲在家中所做的远较母亲为少,而亦往往只限于修理电器、缴费、照顾宠物植物等非经常性及边际家务;煮饭、买菜、清洁、照顾子女起居,以及指导家课等烦琐重任仍落在母亲的肩膀上。这种情况不单在香港出现,根据美国的全国普查显示 (U.S. Nationa Survey of Families and Households, 1987),丈夫在家事上的参与仅为女性的六成,这比例竟还随着家中小孩的数目增多而减少。有人以“第二轮更”来形容在职妇女在下班后仍得忙于家务的情况,犹如投身全职工作以外的加班工作(Hoschild & Machung, 1989)。在香港,不少家庭雇用外佣做家务及照顾小孩,然而,在职妇女仍得在下班后和周末负责管教子女及辅导功课等重任。曾有在职母亲对外佣星期天外出游乐很不是味儿,认为外佣可以放假,而自己还得在星期天“加班”照顾孩子。这个妈妈大概忘记了,外佣的情况跟她不一样——外佣没有子女在身边,星期天当然可以放假!这个情况反映了在职妇女的重担,在雇有佣人的情况下依然改进不大。不少女性主义学者(如:Okin, 1989)认为这种分工不平均的现象是父权社会所造成,男性上班,家中一切由“贤内助”负责,令丈夫可以无后顾之忧全身投入工作。然而当妇女担起全职工作时,情况完全没有转变,她们仍得负责大部分家务。在父权主义影响之下,家务育儿这些琐碎但劳心劳力的工作仍是由女性担当。这种情况,对女性造成莫大压力,抑压着女性的发展和机会,亦形成了在家庭内制

造不公义的情况，令孩子自小便接受两性不平等的讯息（Cunningham, 2001）。故此，家务分工是一个值得正视的实际问题。

家务分配应脱离性别的框框，解决家务分工的问题时，必须顾及家中各成员的意愿能力，并就当时的实际家庭环境作出抉择。家中每人可以贡献的时间有多少（如：工余、课余、周末等）？需要分担的家务有哪些（如：洗碗、扫地、买菜、煮食等）？爸爸擅长煮食，下班的时间也较早，那么便让爸爸肩担煮晚饭的责任。妈妈下班较晚，可以负责饭后收拾及清洁的工作。要达至公平不是说所有人的参与都要相同，而是就各人的意愿和能力作出配合，最重要的是大家透过商议去合作解决问题。

家务分工不应只考虑成人的贡献，家长亦该让孩子参与家务，这样不但能培育子女的独立能力，更重要的是能促进他们的合作精神和责任感。就算雇用家庭佣工的家庭亦需考虑将家务划分，让每个成员皆有各自承担的任务和本分，以避免养成依赖的习惯。一般来说，至少应训练孩子的自我照顾能力，让他们处理自己的生活部分，例如：收拾自己的书桌、玩具、床铺等，工作形式和分量可因应孩子年龄和家庭需要而

作出调整。重要的是培养孩子自小便开始参与家务的习惯和能力。家长还得本身做个好榜样，负起一定的家务职责，这样才能增强孩子的参与动力。

4.小结

本章透过探讨双职家庭面对的家务和子女照顾两大挑战，引证了生态系统理论的要点，带出养儿育女须从外间环境得到支援，而家庭内在环境亦要作出调配。现代社会盛行核心两代小家庭，但家长无须单打独斗。多点留意和参与小家庭以外的社区事务，包括学校、邻舍以至社会整体，好好把握各项内外优势，从而为子女带来最适宜的成长环境。

第六编

结　论

这本小书到此已近尾声了。我们在绪论中提到的问题，你找到答案了没有？也许你已找到一些答案，也许仍然感到疑虑，也许发现更多问题……姑勿论找到怎样的答案或问题，如果你把书看到了这一页时，必定比刚开始看本书时，对孩子的成长和父母的角色多了思索和认识。我们在绪论中提到的问题，没有唯一和最终的答案。就算是成长心理学家和教育心理学家，也在不断地探索和研究，希望找到更多精彩的答案，发现更多有意义的问题。研究其实是一个学习的过程。而成长也是一个学习过程。孩子从一堆粉团似的婴儿，慢慢学会说话、走路、思考……长成一个有识见、有抱负、有能力、有感情的人，其间是一个漫长的学习过程。研究是学习，成长也是学习，那为人父母的经验过程其实亦复如是！

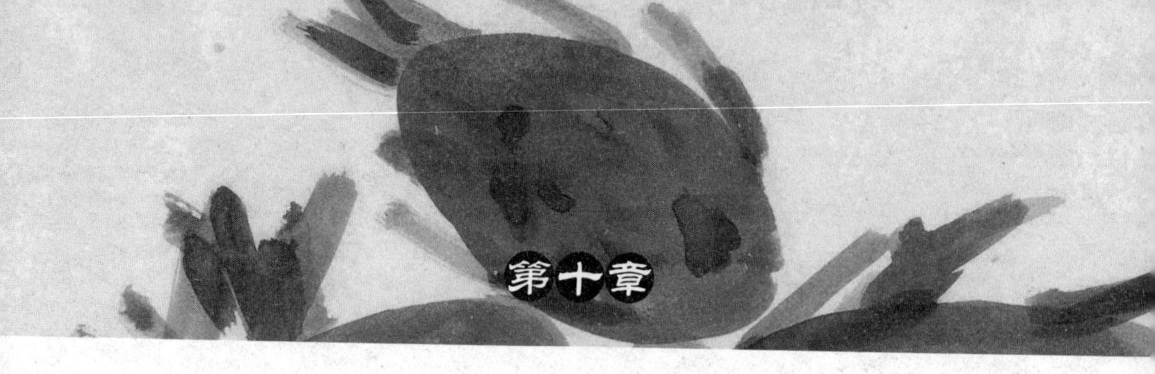

天下父母心

为人父母者，任重道远。要承担这个重任，我们不能不先装备自己。装备自己的最好方法就是不断地学习。我们在最后一章里，不谈孩子的成长也不谈栽培孩子成长的环境。我们只谈父母的学习。父母该如何对待这种角色的学习历程呢？

1. 父母的学习历程

成长就是学习。孩子当然要学习。然而，作为成年人，父母也不能不学习。我们在第一章曾提及父母必然是孩子的第一个老师。孩子学会讲第一句话，走第一步路，都依凭父母的扶掖。孩子对事物的最初观感与判断都仰赖父母的反应与行事。作为老师，父母便不能光是依靠爱与关怀。父母要懂得管教。要把孩子管教得好是一门学问。一个好老师必先是一个好学生。父母要学会了解孩子，也要学会怎样营造有助孩子成长的环境。因为我们相信父母是孩子的老师，因此我们也相信父母应该是不断学习的学生。也许有人认为当父母是人的天性，无须学习。再者，许多父母把孩子养育成人，也不曾上过什么父母训练班。我们同意当父母是天职，但我们不同意要胜任这份天职无须学习。即使许多父母从前没有上过父母训练班，也能把孩子养育成材，但这些父母并非从未学过父母之道。他们是从自己的父母处学会怎么当父母的。养育子女的方法代代相传，行之有效，但并非一定可靠。假如上一代的教养方法有问题，不

就也是代代相传了吗？再者，即使上一代的教养方法在以往的环境中行之有效，也不能保证在时移势易的今天仍万无一失。

2001年，香港电台委托香港城市大学进行了一项家长管教观念的调查，访问了五百多名家长（听话“抵惜”（得宠）的观念过时，2001）。研究人员发现六成一的受访家长同意“孩子要听话和成绩好，才值得疼惜”；59%的受访家长同意“孩子应该听话，不应逆父母之意”。这样的结果令研究人员惊讶。在21世纪，香港竟然还有这么多家长抱着19世纪的教子思想。在以往封闭的农业社会，家庭讲求尊卑长幼。当家长有绝对权力时，这些教子思想也许行之有效，但在日新月异、资讯瞬息万变的现代世界，这些观念已经过时。如果还是抱着不放，只会对父母及子女双方造成不必要的压力和冲突。父母之道，要与时并进。为人父母者，要不断学习。

为人父母者的经验过程既然是一个学习的历程，我们在本书内谈及的学习心理机制也就同样适用于父母。

皮亚杰认为同化与调适是人们获取知识的过程。用现有知识理解新事物，是同化；但当现有的知识无法解释新事物而必须作出修正，同化不管用了，调适必须出现。有了调适，新知识便随之而来。同化与调适反复出现，构成了学习的过程。皮亚杰的理论教我们对疑惑和难题有既积极又轻松的态度。疑惑出现了，不是什么灾难，这只不过是调适的开始，意味着我们一向的想法可能不中用了，要寻求改变。有了这样的看法，我们便能勇敢面对难题。为人父母者，谁没有碰上难题？孩子不用功读书、孩子闹情绪、孩子整天玩电子游戏机、孩子交上坏朋友、孩子跟自己搞对抗……林林总总的问题，多不胜数，叫人苦恼。但回心一想，这只不过是调适的开始。有调适就有新的知识，也就预示了我们的学习和进步！我们不就释怀了吗？说到底，有难题，就有学习和进步。

2. 父母的自我效能感

要积极面对学习的历程，除了刚才说的观点外，为人父母者，还要有自我效能感，相信自己“能”！我们在本书的第三章和第七章谈自我效能感和学习动机时，以孩子为对象。但所谈的心理机制一样可以用在天下父母的学习上。

没有人一生下来就注定是好父母或坏父母，好坏与否在乎努力。还记得我们说过的归因模式吗？如果我们将作为父母的得与失归因于自己能控制、能改变的因素上，我们便能够勇往直前，遇挫而不折。反之，如果我们将作为父母的得与失归因于自己不能控制、不能改变的因素上，我们便容易怨天尤人。什么是为人父母者所能控制和改变的因素？答案是：自己的努力和学习。什么是为人父母者不能控制和改变的因素？自己的命运，以及孩子的天赋禀性。只要我们坚持不断学习，而且拒绝将成败看成是“好丑命生成”，我们就不会失却作为父母的自我效能感。

当我们相信自己“能”，我们便能积极自信，对人生有乐观的态度。

3.父母的身心健康

我们认为天下父母要学习，并非鼓吹他们终日如临深渊，如履薄冰，为了养育好下一代而诚惶诚恐。学习是一件乐事，学习做称职的父母更是乐事中的乐事。既然父母是孩子的第一个老师，其积极自信、乐于学习的人生态度也自然是孩子模仿的内容。我们希望为人父母者能以身作则，向自己的孩子示范健康愉悦的人生态度。这意味着父母自身必先是身心康泰的人。这不仅仅是为孩子作示范，更是实际所需。假使做父母的身心有太多的包袱，又怎能够有时间和精力去关怀和爱护自己的孩子？

中国人有一句谚语：“天下无不是之父母。”对于这句话，我们不敢完全同意。在我们的工作经验中，我们的确接触过不少“不是之父母”。可是我们相信这些“不是之父母”并非立心加害于自己的子女。即使有忽略、虐待，甚至遗弃的悲剧出现，父母本身也是在苦海中浮沉。当父母自己正与抑郁、离婚、酗酒、暴力、童年阴影等等问题纠缠之际，如何有余暇关怀爱护自己的子女？孩子仰赖我们的照顾，我们便要先好好照顾自己。这不是荒谬的自私逻辑，而是关怀爱护孩子之道。我们乘飞机时，空中服务员总会告诉我们飞机的安全措施。当机舱内的气压有变化，服务员会着我们使用氧气罩，指使先为自己戴上氧气罩，然后才为同行的小孩和老人戴上。道理是很明白的：小孩和老人仰赖我们照顾，倘若我们在危难中首先昏迷过去，便无法照顾他们。在教养下一代的事情上，道理也是一样的：我们若要好好地关怀爱护孩子，便必须好好地照顾自己，让自己成为开放进取、身心健康的人。

为人父母者，有苦有乐。但总的说来，能扶掖新一代成长总是一种恩赐，一种喜乐。我们相信父母对子女的关怀爱护影响深远，也相信父母既是子女的老师又是子女的学生，因此非常渴望以我们的所知所学支援所有关爱子女的好父母。我们希望天下父母都是懂得照顾自己和子女的健康快乐人。我们谨以此书参与父母扶掖新一代成长的苦乐旅程。